Britta Laubvogel / Jost Wetter-Parasie

Wenn die Liebe Trauer trägt

Was beim Abschiednehmen von einem lieben Menschen hilft

BRUNNEN
Verlag Giessen · Basel

Britta Laubvogel ist Sozialpädagogin. Als Bildungsreferentin der Evangelischen Kirche in Hessen und Nassau ist sie in der Erwachsenenbildung tätig und so auch als Vortragsreferentin unterwegs. 2006 starb ihr Mann, der Pfarrer und Liedermacher Matthias Laubvogel. Sie hat vier erwachsene Kinder.

Dr. med. Jost Wetter-Parasie ist Theologe und Mediziner. Seit 20 Jahren ist er als Allgemeinmediziner und Psychotherapeut in eigener Praxis tätig. Er ist verheiratet mit der Pastorin und Eheberaterin Luitgardis Parasie. Gemeinsam haben sie drei erwachsene Kinder.

Die Familien Laubvogel und Parasie sind seit langen Jahren befreundet.

MIX
Papier aus verantwortungsvollen Quellen
FSC® C014496
FSC
www.fsc.org

2. Auflage 2013

www.brunnen-verlag.de
Lektorat: Petra Hahn-Lütjen
Umschlagmotiv: Donald Linscott/Shutterstock.com
Umschlaggestaltung: Olaf Johannson
Satz: DTP Brunnen
Herstellung: GGP Media GmbH, Pößneck
ISBN 978-3-7655-1511-8

Inhalt

Anse Nitsch und Hartmut Bärend: Über dieses Buch

Danke für dieses Buch!
Hier gibt es keine Rezepte zur Trauerbewältigung, auch keine Messlatte, auf der man ablesen kann, wie weit man schon auf dem Weg der Trauer gekommen ist.

Hier werde ich einfühlsam an die Hand genommen und in ein Haus der Trauer geführt mit Freiräumen für meinen Schmerz, meine Erinnerungen, aber auch für neues verändertes Leben. Aufgaben helfen mir ganz praktisch, nicht in der Trauer stecken zu bleiben.

Anse Nitsch
Pädagogin, Mutter von zwei Söhnen, nach 27 gemeinsamen Jahren mit Johannes Nitsch im Alter von 49 Jahren verwitwet

Ein tief beeindruckendes Buch über Wege durch das Haus der Trauer: bewegend – persönlich – praktisch – tröstlich!

Hartmut Bärend
Pfarrer, langjähriger Generalsekretär der Arbeitsgemeinschaft Missionarische Dienste (AMD) im Diakonischen Werk der EKD

Raupe mit Schmetterlingsflügeln – Vorwort

Jost:

Es ist morgens sieben Uhr. Gerade habe ich mich zum Kaffeetrinken an den Tisch gesetzt. Da klingelt das Telefon.

„Hier ist Matthias. Hallo Jost. Ich muss dir was sagen. Hast du einen Augenblick Zeit? Du weißt ja, dass ich seit geraumer Zeit Probleme mit der Luft habe. Gestern Abend haben mir die Ärzte mitgeteilt, dass ich Lungenkrebs habe. Zack, einfach so wurde ich mit der Diagnose konfrontiert. Ich hatte denen ja auch gesagt: Bitte sagen Sie mir die volle Wahrheit. Ich bin Pfarrer und möchte nicht belogen werden. Ja, und jetzt stehe ich da und weiß gar nicht, wie es weitergehen soll. Wie sage ich es Britta? Die ahnt noch nichts. Was rätst du mir?"

Ich bin wie vor den Kopf geschlagen. Matthias, der Sportler, der sich zu seinem 50.Geburtstag vor drei Monaten eine Outdoorausrüstung gewünscht hatte und eine Reise nach New York. Und jetzt das: „Krebs". Ich schlucke, versuche die Fassung zu wahren.

Frage ihn: „Wie haben die Ärzte es bei dir gemacht, wie haben sie dir die Diagnose mitgeteilt?"

Matthias antwortet: „Die haben mich knallhart damit konfrontiert, ohne großes Drumherumreden."

„Dann mach das bei Britta doch auch so", sage ich. „Britta ist eine starke Frau. Die möchte nicht stückchenweise die Wahrheit hören."

Britta:

Ja, das war genau der Weg. Ich wollte die Wahrheit nicht portionsweise erfahren, wenn es auch im ersten Moment ein Schock war. Ich erinnere mich noch genau, wie ich damals in die Klinik kam, wo er zur Untersuchung war, und Matthias mich empfing mit den Worten: „Britta, ich habe dir etwas zu sagen."

Wie ein Keulenschlag trifft mich die Diagnose Lungenkrebs.

„Das kann nicht wahr sein. Doch nicht du. Du hast doch nie geraucht."

„Es ist leider wahr. Ich weiß es seit gestern und habe die ganze Nacht darum gerungen, wie ich es dir sagen soll."

Lungenkrebs, es hämmert in meinem Kopf. Ich kann kaum hören, was Matthias weiter sagt, aber eins bleibt mir im Gedächtnis: „Heute morgen habe ich Jost angerufen und ihn gefragt, wie ich es dir sagen soll. Er hat mir gesagt: Nimm keinen langen Anlauf, sag es so, wie es die Ärzte dir gesagt haben."

„Was passiert jetzt?" ist meine nächste bange Frage.

„Es ist eine äußerst seltene Form des Lungenkrebs, die Ärzte schlagen eine Chemotherapie vor, am Montag soll es losgehen", berichtet Matthias.

„Gibt es eine Chance auf Heilung?", frage ich später die Ärzte.

„Nein", sagen sie. „Dieser Krebs ist unheilbar. Wir können nur versuchen ihn im Wachstum zu verzögern und die Symptome zu lindern."

Jost:

Die Konfrontation mit einer unheilbaren Krankheit ist Stress im höchsten Maße. Alles wird infrage gestellt. Der Tod ist plötzlich so nahe. Das ganze Leben läuft vor dem inneren Auge ab wie ein Film. Stress bewirkt, dass der Organismus auf Notfallplan umschaltet, und die in großen Mengen ausgeschütteten Stresshormone mobilisieren Energie. „Man muss kämpfen. Jetzt erst recht!", so oder ähnlich habe ich es von vielen Menschen in dieser Phase des Lebens gehört.

Doch irgendwann sind die Reserven erschöpft. Der Verstand macht uns die Situation klar und Resignation oder auch Ergebenheit in das schwere Schicksal stellen sich ein.

So auch bei Matthias. Resignation habe ich bei ihm allerdings wenig gespürt. Als ich ihn besuchte und um Worte rang, die angemessen und hilfreich sein könnten, da bin ich selbst gestärkt worden von seinem unerschütterlichen Glauben in die Liebe Gottes, die ihn auffängt, egal was geschieht.

Britta:

Einen Tag, nachdem er die niederschmetternde Diagnose erfahren hatte, trat Matthias bei seinem letzten Konzert auf. Er sang sein Lied von der Raupe. Ich höre noch seine Stimme und sehe ihn am Klavier sitzen. Er sang sich an diesem Abend ein Stück dem Himmel entgegen – so kam es mir vor.

Ich bin 'ne Raupe mit Schmetterlingsflügeln,
der große Flug steht noch bevor.
Ich bin 'ne Raupe mit Schmetterlingsflügeln,
der große Flug trägt mich empor.

Noch kriechen wir hier unten rum,
sind nicht sehr klug, sind eher dumm.
So manche Frage bleibt noch offen,
doch ich weiß, ich darf hoffen.

Text und Musik: Matthias Laubvogel

Wir haben mit ihm gehofft und gebangt. Gott rief ihn im Januar 2006 zu sich in die Ewigkeit, vier Monate nach der Diagnose. Er hat „den großen Flug" angetreten und ist am Ziel.

Immer wieder hat mich Matthias' Bild vom Schmetterling begleitet. Was steckt da alles drin: Wandlung, Freiheit, Fliegen, Aufbruch, Sehnsucht …

Die Raupe kriecht am Boden, schließt sich in einen farblosen, unscheinbaren Kokon ein, bis sie sich verpuppt. In diesem Raum entwickelt sich ein wunderschöner Schmetterling. Wenn die Zeit gekommen ist, verlässt er den Kokon, um in eine völlig neue Existenz einzutreten.

Wissenschaftler haben einmal versucht, diesen Wandlungsprozess bei Schmetterlingen zu verkürzen. Sie halfen quasi nach, als sich erste Risse im Kokon zeigten, und beschleunigten den Vorgang von außen. Alle Schmetterlinge kamen unbeschadet aus dem Kokon. Nur eines konnten sie nicht: fliegen.

Aus dieser Beobachtung zogen die Wissenschaftler den Schluss: Für die Schmetterlinge ist der gesamte Prozess wichtig. Sie müssen sich aus dem Kokon selbst befreien, sich mit aller Kraft herausarbeiten, nur dann werden die Flügel kräftig und stark. So entwickelt der Schmetterling Vertrauen, dass die Flügel tragen. Jetzt kann er abheben, die Erde loslassen und fliegen.

Dieses Bild beschreibt für mein Empfinden sehr gut das Sterben, nämlich das Loslassen des zeitlichen „Lebenshauses“ und das Eintreten in einen neuen Raum der Ewigkeit.

Gleichzeitig beschreibt dieses Bild für mich, wie die Trauer sich wandelt. Im Laufe der Zeit entstehen neue Räume und Farben und geben dem Leben eine andere Gestalt.

Jost:

Aus meiner psychotherapeutischen Praxis kann ich bestätigen, dass Trauer ein Prozess ist. Da kann man nichts beschleunigen. Alles braucht seine Zeit.

Ich erlebe mich vorwiegend als Begleiter auf dem Weg durch die Trauer. Ein Seelsorger könnte diese Aufgabe oft genauso gut übernehmen. Wie für den Schmetterling die Zeit im Kokon wichtig ist um zu reifen, so braucht auch jeder Trauernde Zeit.

Das merke ich auch als selbst Betroffener. Unsere Familien haben viel über den Tod und die Trauer um Matthias gesprochen. Und ein Bild hat uns dabei sehr geholfen: das Bild eines Hauses.

Wir stellen uns Trauer vor wie ein Haus mit verschiedenen Räumen. Ein Haus mit

einem Raum des Schmerzes,
einem Raum der Erinnerung,
einem Raum der Liebe,
einem Raum der Wandlung.

Dieses Bild hilft uns, Struktur in die verwirrende Gefühlswelt der Trauer zu bringen.

Jeder von uns hat da „sein eigenes Haus“. Als guter Freund von Matthias trauere ich ganz anders als Britta, seine Frau, die oft das Gefühl hatte, ein Teil von ihr sei mit Matthias gestorben. Entsprechend halten wir uns auch unterschiedlich lang in den einzelnen Räumen der Trauer auf: Mal beschäftigt uns vor allem der Schmerz, mal die Erinnerung …

In meiner Praxis habe ich häufig mit schweren Schicksalsschlägen zu tun. Trauernde suchen meist mehr als Mitgefühl. Sie sind dankbar für jemanden, der ihnen hilft, Ordnung in ihr Gefühlschaos zu bringen. Man kann als Arzt nicht alle Schmerzen selbst durchleiden, an denen die Patienten schwer tragen. Verstehen und sich Hineinversetzen gelingen aber umso besser, je mehr man sich auch der eigenen Trauer stellt.

Wenn Britta und ich uns in den letzten Jahren über Trauer ausgetauscht haben, dann kamen immer diese beiden Aspekte zum Tragen: die eigene Betroffenheit und die professionelle Kompetenz des Psychotherapeuten. – So ist die Idee entstanden, aus den beiden unterschiedlichen Perspektiven ein Buch über Trauer zu schreiben.

Britta schreibt aus ihren persönlichen Trauererfahrungen. Ich als Arzt und Psychotherapeut trete gewissermaßen einen Schritt zurück und kommentiere aus fachlicher Sicht, was in den Räumen der Trauer geschieht. Wir haben die verschiedenen Abschnitte durch eine veränderte Schrift hervorgehoben.

So ist dieses Buch weniger ein Ratgeber geworden, der auf alle Fragen eine Antwort weiß, als vielmehr ein Leitfaden, in dem wir mit dem Leser teilen, was uns wertvoll geworden ist.

Ein Haus der Trauer mit verschiedenen Räumen: Mit diesem Bild möchten wir Betroffenen eine Orientierung an die Hand geben, damit sie im Gefühlschaos der Trauer ihren eigenen Weg finden können. Auf diesem Weg liegen auch Gefahren, die die Trauer blockieren können und einer heilsamen Entwicklung im Wege stehen. Das ist gut zu wissen – um sie zu umgehen.

Unser Buch richtet sich an Trauernde, aber auch an Menschen, die Trauernde unterstützen und begleiten.

Britta:

Bevor ich selbst von dem Verlust betroffen war, hatte ich geglaubt, der Trauerprozess sei ein Weg mit einem klaren Anfang und einem Ende. Irgendwann einmal wäre er abgeschlossen, und zwar dann, wenn ich den lieben Menschen loslassen kann. Ganz anders habe ich es aber dann erlebt. Da dachte ich nach einem Jahr, wieder Boden unter den Füßen zu haben, aber aus heiterem Himmel trifft mich der Schmerz wieder neu, auf einer Radtour im Mai.

Wie sehr würde sich Matthias jetzt mit mir freuen an dem ersten frischen Grün der Blätter. Ich vermisse ihn so sehr und kann es kaum ertragen, nun allein zu radeln. Und doch trete ich tapfer weiter in die Pedale.

Ja, ich bin in meiner Trauer unterwegs und habe den Eindruck, als bewege ich mich nicht nur zielgerichtet vorwärts. Nein, mal trete ich auf der Stelle, mal geht es voran, mal muss ich sogar Schritte zurück machen. Dass ich jetzt alleine zurechtkommen muss, erlebe ich immer wieder neu als Herausforderung. Ich frage mich, wie halte ich Erinnerungen lebendig? Wohin geht meine Reise?

Es sind so unterschiedliche Erfahrungen: der Schmerz, die Erinnerung, die Liebe, die Veränderung.

Mein Haus der Trauer ist geräumig, mit altem Gemäuer, umgeben von einem wunderbaren Garten. Es gibt große, lichtdurchflutete Räume, aber auch enge und dunkle. Jeder Raum hat seine eigene Atmosphäre, sein Inventar, Bilder und Geheimnisse. Und jeder Raum lädt ein, ihn zu betreten, sich umzusehen, zu bleiben, weiterzuziehen oder auch zurückzukehren. Durch die Fenster des Hauses sehe ich hinaus in die Weite und ahne das Leben jenseits davon.

Mit dem Verlust eines geliebten Menschen betreten manche das Haus der Trauer völlig unerwartet und viel zu früh, andere aber auch lange vorbereitet. Eines aber ist gleich: In den Räumen erwarten uns bestimmte Aufgaben. Sie müssen „vollzogen werden, damit das Gleichgewicht zurückkehrt und der Trauerprozess zum Abschluss gelangt", sagt der amerikanische Arzt und Trauerforscher J. William Worden.[1]

Im ***Raum des Schmerzes*** fühle ich die Wunden des Verlustes, empfinde Ohnmacht angesichts des Todes. Ich bin traurig und tief erschüttert.

Diese Gefühle können mit Macht aufbrechen und mich überfluten. Vielleicht reiße ich dann einfach die Vorhänge herunter, öffne die Fenster und lasse meinen Schmerz laut heraus. Ich klage und schreie. Im Raum des Schmerzes stört es niemanden.

Im ***Raum der Erinnerung*** hängen viele Bilder, die an das Leben mit dem Verstorbenen erinnern. Ich gehe in Gedanken durch die Zeit, lasse alte Bilder wieder aufsteigen, grabe in den Erinnerungen, sehne mich zurück, suche gemeinsam erlebte Orte auf. Ich halte helle Momente fest und lasse dunkle los.

Der ***Raum der Liebe*** ist ein sehr persönlicher Raum. Er erscheint lichtdurchflutet. Nur ich habe den Schlüssel.

Hier suche ich nach einem Weg, meiner Liebe Ausdruck zu geben. Ich entdecke, dass die Trauer auch eine kreative Kraft ist und dass Liebe nicht mit dem Tod endet. Ich suche nach einem sicheren Ort in meinem Herzen für den verstorbenen Menschen.

Gelungene Trauer führt schließlich zu einem tief greifenden Prozess der Veränderung. Ich betrete den ***Raum der Wandlung.*** Zukunft tritt wieder in den Blick. Ich richte den Blick nach vorne, setze mir neue Ziele und mache Pläne.

Jede Konfrontation mit dem Tod wirft Fragen auf nach dem, was danach kommt, weckt die Sehnsucht nach Ewigkeit. Auf was darf ich hoffen, was kann ich glauben? Werden wir uns wiedersehen?

Im Bild gesprochen: Das Haus der Trauer ist umgeben vom ***Garten der Sehnsucht.***

Wo auch immer ich mich befinde im Haus der Trauer, es ist ein Schreiten durch Räume, kein Parcours, der auf einer Zielgeraden endet, mit dem Erfolgsstempel: Trauer gut bewältigt.

Ich merke, auch in Gesprächen mit anderen, die trauern: Jeder Mensch hat dabei sein eigenes Tempo. Da gibt es kein Maß, kein richtig und falsch.

Es gibt allerdings kritische Momente, in denen Menschen sich in Räumen verirren und dort hängen bleiben, den Ausweg oder auch den Zugang zu ihren Gefühlen nicht oder nicht mehr finden: Manche halten z. B. im Raum der Erinnerung so stark an alten Bildern fest, dass es ihnen nicht gelingt weiterzukommen. Blockaden und Sackgassen sind zu bewältigen. Diese Situationen erfordern besondere Unterstützung. Gut, dass es die gibt.

Was ist uns sonst noch wichtig, vorweg zu sagen?

Eine Besinnung über eine biblische Geschichte rundet jedes Kapitel ab.

Außerdem haben wir praktische Anregungen und Tipps zusammengestellt, die wir hilfreich finden. Die Gedichte stammen, soweit nicht anders vermerkt, alle von Britta Laubvogel.

Danken möchten wir:

Luitgardis Parasie, die unser Manuskript mit journalistischem Blick überarbeitet und leicht lesbar gemacht hat.

Unserer Lektorin Petra Hahn-Lütjen für die aufmerksame und kritische Begleitung und viele wertvolle Tipps.

Wulf-Ingo und Gabriele Prange, denen es nicht leicht gefallen ist, über ihre Trauer nach dem plötzlichen Unfalltod ihres Sohnes zu schreiben.

Spannend fanden wir die Erfahrung von Ellen Zierott, die davon berichtet, wie ihr nach dem Tod ihres Mannes das Pilgern geholfen hat, sich „freizulaufen".

Ich, Britta, danke meiner Familie, meinen Kindern Anna, Sarah, Markus, Lena, meinen Schwiegersöhnen Markus und Paul und allen meinen Freunden, die mich so liebevoll und achtsam unterstützt und begleitet haben.

Den Menschen, die uns erlaubt haben, ihre Erfahrungen hier zu veröffentlichen, gilt unser besonderer Dank.

Die in diesem Buch dargestellten Fallbeispiele haben wir bewusst verfremdet. Namen, Alter und äußere Umstände wurden so verändert, dass niemand erkennbar ist und die ärztliche und seelsorgerliche Schweigepflicht geschützt werden. Ähnlichkeiten mit lebenden Personen sind rein zufällig.

Britta Laubvogel und Jost Wetter-Parasie, im Frühjahr 2012

Eintritt ins Haus der Trauer – Die Realität des Todes anerkennen

Britta:

Auch wenn wir um die schwere Krebserkrankung von Matthias wussten, die niederschmetternde Prognose kannten und innerlich auf den Abschied vorbereitet waren, so hat mich doch sein Tod mit ganzer Macht getroffen. „Bis zur Pforte des Himmels gehe ich mit dir", hatte ich Matthias oft gesagt. Jetzt hat er die Schwelle überschritten, ist heimgekehrt zu seinem himmlischen Vater – und ich?

Ich stürze, wie ein Planet, der seine Umlaufbahn verloren hat, taumelnd, haltlos im All, ich stürze mit rasender Geschwindigkeit in eine fremde Welt und fühle mich verletzt, verwundet, betäubt, allein. Ich spüre die gewaltige Macht des Todes. Die Zeit steht still und doch tickt die Uhr von Sekunde zu Sekunde weiter. Eine neue Zeitrechnung beginnt. Ab jetzt wird alles anders sein. Fremd und unwirklich fühlt sich das an. Der Tod ist eine schwere Zäsur in meinem Leben. Es wird noch ein weiter Weg sein, bis ich das Ausmaß meines Verlustes begreifen werde.

Ich bin so dankbar, dass ich in diesen ersten Tagen Yvonne an meiner Seite habe. Sie ist Krankenschwester und eine Freundin, die uns schon seit vielen Jahren nahesteht. Zu Weihnachten ist sie angereist, wir haben gemeinsam den Jahreswechsel erlebt und sie hat uns durch die letzten Tage von Matthias' Krankheit und sein Sterben begleitet. Nun gibt es so viel zu erledigen: Gänge zu den Ämtern, die Beerdigung muss organisiert werden, viele Dinge müssen bedacht und entschieden werden. Da ist sie mir eine große Hilfe. In diesen ersten Tagen habe ich überhaupt keine Energie, irgendetwas zu kochen oder auch nur an Essen zu denken. Yvonne packt an und sorgt dafür, dass wir alle etwas in den Magen bekommen.

Eines Morgens steht meine Freundin Anse mit einem großen Einkaufskorb vor der Tür: „Ich weiß, dass du dich jetzt nicht um Einkäufe kümmern magst und kannst. Hier sind schon mal die Grundnahrungsmittel."

Meine Freundin Inge ruft an und fragt: „Du musst doch sicher schwarze Kleidung für die Beerdigung kaufen. Wann gehst du? Ich begleite dich." Ich bin so dankbar, jetzt Freunde zu haben, die ganz praktisch helfen, ohne mich dabei zu entmündigen. Sie wissen, was zu tun ist und handeln. Unterstützen mich.

Gemeinsam mit der Familie entwerfen wir die Todesanzeige. Wir machen uns Gedanken über die Gestaltung der Trauerfeier und denken darüber nach, welche Lieder gesungen werden sollen, wen wir um Liedbeiträge bitten können und zu welchem Bibelwort die Ansprache gehalten werden soll.

Dabei kreisen die Gedanken ganz um Matthias. Was entspricht seinem Leben, seinem Naturell? Welche Lieder hat er besonders geliebt? Welche Texte haben ihm etwas bedeutet? Christof ist angereist, er ist ein guter Freund und kreativ. Er gestaltet ein Liedblatt für die Trauerfeier mit dem Schmetterling, der aufbricht zu seinem Flug. Passend zu Matthias' Lied: Ich bin 'ne Raupe mit Schmetterlingsflügeln.

In der ersten Zeit ist so viel zu erledigen und zu bedenken, dass ich abgelenkt bin. Das hilft mir diese Tage zu überstehen. Für Trauer ist noch kein Platz.

Abschied nehmen

12. Januar, der Tag der Beerdigung. Die Glocken läuten, alle Plätze in der Kirche sind besetzt. Da viele Menschen erwartet werden, wird die Trauerfeier mit einem Lautsprecher nach draußen übertragen. Ich sitze mit meinen Kindern in der Kirchenbank, höre die vertrauten Bibelworte und kann ihnen nicht folgen. Wie durch einen Schleier sehe ich den Sarg, nehme die vielen Kränze und Blumen wahr. Ich versuche die Lieder mitzusingen, auch wenn mir die Kehle wie zugeschnürt ist. Meine aufgewühlte Seele klammert sich Halt suchend an die vertrauten Symbole im Kirchenraum. Das Kreuz, die Kerzen helfen mir meinen Blick auszurichten auf Christus. Das eingespielte Sololied „Du bist ein wunderbarer Hirt" über Psalm 23, gesungen von Bruce Miller, senkt sich tröstend in meine Seele. Und doch habe ich den Eindruck, als schaute ich mir selbst zu und bin gar nicht wirklich anwe-

send. Zu unwirklich ist alles. Später bitte ich den Dekan, mir den Text der Ansprache zu geben, auch die Nachrufe lasse ich mir zuschicken, um alles noch einmal in Ruhe lesen zu können.

Und dann bewegen wir uns in einem großen Trauerzug von der Kirche zum Friedhof. Die Straße entlang, am Bäcker vorbei, eine kleine Gasse hinauf zum Friedhof. Die Autos halten an. Als würde der Tod die Menschen zum Innehalten mahnen, als würde die Zeit stillstehen.

Dieser Januartag ist so entsetzlich kalt. Wir stehen am offenen Grab. Ein Erdhaufen, daneben eine Schaufel, ein Korb mit Blüten. Die Worte: „Erde zu Erde, Asche zu Asche, Staub zum Staube" treffen mich in ihrer ganzen Wucht. Jetzt ist der Moment gekommen, an dem wir endgültig Abschied nehmen von Matthias, seinen Körper der Erde und seinen Geist Gott überlassen. So schwer es fällt, Erde ins Grab zu werfen, hilft mir diese symbolische Handlung, den Abschied zu vollziehen. Im Nachhinein habe ich gerade in diesem Ritual eine heilende und stützende Kraft empfunden. Das gemeinsam gesprochene „Vaterunser" verbindet uns alle am Ende. Noch lange stehe ich mit meinen Kindern und den nächsten Angehörigen am Grab. Die Kälte kriecht in meine Glieder, ich spüre mich schon gar nicht mehr. Bin wie zum Eiszapfen erstarrt. Auch innerlich. Keine Träne kann fließen, das irritiert mich. Ich möchte hier am Grab stehen bleiben, bis auch die vielen jungen Menschen, Freunde unserer Kinder, Schüler, Konfirmanden, Mitglieder aus der Jugendgruppe bei uns waren.

Eine stille Umarmung, ein tröstendes Wort, eine liebevolle Geste, ein stummes Beileid, mir manchmal auch verstohlen in die Hand geschoben – alles drückt mich tiefer in meine schwarzen Schuhe. Und doch hilft es mir, auf dem Boden anzukommen, auf dem ich nun stehe: im Haus meiner Trauer.

Mit diesem Tag begreife ich in seiner ganzen Härte, dass der Abschied auf dieser Erde vollzogen worden ist und für mich ein anderes Leben beginnt. Obwohl ich oft denke: „Jeden Moment müsste doch die Tür aufgehen und Matthias hereinkommen. Wann ist der Albtraum endlich vorbei?" Auf der Straße sehe ich einen Mann von hinten, der Hinterkopf, selbst die Haltung und Gestik: genau wie Matthias. Ich spüre ihn fast körperlich anwesend, doch dann diktiert mir mein Verstand erbarmungslos: „Das ist nicht wahr. Kann gar nicht sein." Eine Sinnestäuschung, die mir umso brutaler klar macht: Matthias lebt nicht mehr. Er wird nicht um die Ecke kommen.

Jost:

Ja, so hart es klingt, die Beerdigung mit ihren Ritualen hilft, die Realität des Todes anzuerkennen: „Erde zu Erde, Staub zum Staub ..." Wenn Patienten mich fragen, ob sie ihre Kinder mit zur Beerdigung nehmen sollen, dann rate ich immer zu. Wie sollen Kinder mit dem Tod umgehen, wenn sie außen vor gelassen werden? In ihrer Fantasie malen sie sich oft viel schlimmere und beängstigendere Dinge aus, als sie bei der realen Trauerfeier erleben. Wenn man diese gemeinsam begeht, kann man mit den Kindern auch viel besser darüber reden, sofern sie es wollen. Oft fragen mich Trauernde auch, ob sie oder ihre Kinder den Verstorbenen noch einmal sehen sollten oder ihn doch lieber so in Erinnerung behalten sollten, wie er zu Lebzeiten war. Um im Trauerprozess weiterzukommen, kann es sehr hilfreich sein, den Verstorbenen noch einmal zu sehen. Man spürt dabei oft sehr deutlich: Das ist nur noch die sterbliche Hülle. Das Eigentliche, was diese Person ausgemacht hat, ihre „Seele", ist jetzt woanders. Diese Konfrontation ist ein weiterer Schritt, ein Ja zur harten Wirklichkeit zu finden. Dies gilt in der Regel auch für Kinder.

Die Realität des Todes anzuerkennen ist ein Prozess, der Zeit braucht. Der ist bei der Beerdigung noch lange nicht abgeschlossen.

Menschen erleben den Tod oft wie einen Hammerschlag. Das ist kein leises Eintreten in das Haus der Trauer, sondern eher ein gewaltsames Hineingestoßenwerden gegen den eigenen Willen.

Die Realität des Todes anzuerkennen ist ein Prozess, der Zeit braucht. Der ist bei der Beerdigung noch lange nicht abgeschlossen.

Die Schweizer Psychotherapeutin Verena Kast unterteilt den Trauerprozess in mehrere Phasen und sieht als erste die Phase des Nichtwahrhabenwollens. „Sag, dass das nicht wahr ist ...."

Trauerspezialist William Worden spricht von Traueraufgaben. Die erste: den Tod als Realität akzeptieren. Das ist ein Prozess. Es ist völlig normal, dass der Trauernde zunächst oft das Gefühl hat, gleich kommt der geliebte Mensch um die Ecke. Gerade hat man ihn doch gehört. Gleich wird er im Zimmer stehen. Man sieht den Verstorbenen auch in anderen Menschen und denkt, er ist gerade in der Stadt an mir vorbeigegangen. Die Realität des Todes akzeptieren, das muss sich in unendlich vielen kleinen Alltagssituationen bewähren. Und in jeder bricht der Schmerz neu auf.

Sich dem Tod stellen – das muss aber nicht heißen, dass der Tod das Letzte ist und das Ende bedeutet. Ich denke an die Worte Dietrich Bonhoeffers, bevor er von den Nazis gehenkt wurde. Er rief seinen Mördern zu: „Das ist das Ende, für mich der Beginn eines neuen Lebens." Und seine Wächter waren fassungslos, wie gelassen und gefasst dieser Häftling seiner Hinrichtung entgegenging. Der vorher noch betete und sein Leben in Gottes Hände legte. Gott ist der Herr über Leben und Tod, dieser Glaube entmachtet den Tod. Der Tod ist dann nicht das Letzte, sondern das Vorletzte.

Sich dem Tod stellen – das muss aber nicht heißen, dass der Tod das Letzte ist und das Ende bedeutet.

Wir haben in diesem Buch „Wenn die Liebe Trauer trägt" für den Trauerprozess bewusst ein Bild gewählt, das Bewegung ermöglicht. In einem Haus kann ich die Räume durchschreiten. Wie lange ich in den einzelnen Zimmern verweilen will, kann ich selbst bestimmen. Ich persönlich liebe es nicht so sehr, in einem Museum von A bis Z durch alle Räume geführt zu werden. Vielmehr möchte ich selbst entscheiden, wie lange ich wo bleibe. Manchmal betrachte ich nur ein einziges Bild und ignoriere alle anderen, verschaffe mir in einem anderen Raum einfach nur einen groben Überblick. Ich nehme bestimmte Bilder, Skulpturen intensiv wahr, und andere sprechen mich nicht besonders an. So ist es auch mit dem Haus der Trauer. Die verschiedenen Räume müssen nicht der Reihe nach gleich gründlich durchlaufen werden.

Meine Erfahrung mit Trauernden zeigt, dass Trauer oft zirkulär verläuft. Da befindet sich der Trauernde zunächst etwa für längere Zeit im Haus des Schmerzes, dann wagt er sich jedoch auch schon in den Raum der Erinnerung. Aber auf einmal ist das Bedürfnis groß, den Schmerz noch einmal zu spüren, oder er überfällt einen einfach, und man wandert zwischen den Räumen. So kann es mit allen Räumen gehen, die wir hier als Bild, als Metapher benutzen.

Trauer geschieht weniger linear, geschieht nicht indem ich eine Aufgabe nach der anderen abarbeite, sondern eher indem ich pendle, je nachdem wie mir zumute ist und meine Seele es nötig hat.

Trauer geschieht weniger linear, geschieht nicht indem ich eine Aufgabe nach der anderen abarbeite, sondern eher indem ich pendle, je nachdem wie mir zumute ist und meine Seele es nötig hat.

Besonders Erinnerungstage im Jahresverlauf werden häufig dazu führen, dass der Trauernde den Raum des Schmerzes oder der Erinnerung wieder aufsucht, auch wenn er bereits Schritte durch den Raum der Liebe und der Wandlung gegangen ist.

Den Schock überstehen

Britta:

Ein Blick auf die Uhr: Ja, jetzt kann ich gehen. Die Chance, jemanden zu treffen ist gering. Ich möchte nicht gestört werden, wenn ich am Grab von Matthias bin. Ich möchte keinem Menschen begegnen. Morgens halb acht bin ich ganz sicher allein. Da ist noch niemand auf dem Friedhof.

Immer noch hat der Winter die Erde im Griff. Der anhaltende Dauerfrost lässt den Boden erstarren. Eine dünne Schneedecke liegt über der Erde. Die schweren, großen Pappeln am Weg halten ihre kahlen Äste wie ausgestreckte Arme in den Himmel. Der Lebenssaft hat sich aus den Bäumen zurückgezogen, keine Blätter, keine Blüten, keine Früchte. Zeit der schwarzen Vögel; Krähen, die sich in den Pappeln niederlassen, als suchten sie Schutz vor der eisigen Kälte.

Mein schwarzer Mantel schützt mich nicht nur vor der Kälte, er gibt mir ein sicheres Gefühl, er gehört zu mir. Die Farbe entspricht ganz meiner Stimmung: dunkel, alles Licht wird absorbiert.

Auf dem Erdhügel des frischen Grabes liegen noch die vielen Kränze. Die Schnittblumen, von ihrer Wurzel abgetrennt, längst dem Tod übergeben, sind nun erfroren. Ich kämpfe mit mir, spüre keinen Mut zum Leben. Fühle mich dem eigenen Tod näher als einem Überleben ohne meinen Mann. Ein Teil von mir ist fort, wie amputiert ist meine Seele.

„Beim Tod eines geliebten Menschen erfahren wir, was Tod ist", schreibt Verena Kast. „Dieses Todeserlebnis widerfährt uns, lässt uns irre werden an uns und allem, was wir bisher für selbstverständlich gehalten haben … Stirbt ein geliebter Mensch, so nehmen wir in seinem Sterben nicht nur … unser eigenes Sterben vorweg; wir sterben in gewisser Weise mit ihm."[2]

„Stirbt ein geliebter Mensch, so nehmen wir in seinem Sterben nicht nur … unser eigenes Sterben vorweg; wir sterben in gewisser Weise mit ihm."

Ich hatte auch das Gefühl, als würde ein Teil von mir mit sterben, als würde ich ein Stück von mir selbst mit zu Grabe tragen. Mit einem Mal rückt auch der eigene Tod ins Bewusstsein, was bisher so noch nicht der Fall war. Eigentlich ist mein Mann mit seinen fünfzig Jahren einfach noch nicht dran, und das löst auch Betroffenheit aus bei allen Freunden, die im selben Alter sind. Doch die Zeit steht nicht in unseren Händen; das werde ich erst noch buchstabieren lernen.

Ich bin fast erleichtert, dass meine „erste" Trauer in diese Jahreszeit fällt. Kann es jemals wieder Frühling werden ohne meinen Mann? Werde ich jemals wieder fröhlich sein? Jeder Anflug froher Gedanken irritiert mich zutiefst. Undenkbar, dass ich wieder lachen könnte. Nein, das geht nicht.

Auch in mir ist der Winter eingezogen, ich fühle mich abgeschnitten vom Leben, habe keine Energie und Lebenskraft, erfroren sind meine Gefühle, und das beunruhigt mich. Als wären auch sie erfroren. Manchmal spüre ich nicht einmal mehr einen Schmerz, keine Träne fließt. Ist das normal, frage ich mich. Mir fällt eine Begebenheit aus der Kindheit unseres Sohnes Markus ein. Er war ein überaus aktives, mutiges Kind. Kein

Klettergerüst war ihm zu hoch, er war ein kleiner Draufgänger. Eines Tages gehe ich mit ihm auf einen Spielplatz und er rutscht mit großem Vergnügen eine Rutschbahn hinunter. Bei der Landung macht er plötzlich einen Satz auf den Po, und dabei beißt er sich auf die Zunge. Der Biss ist so heftig, dass Blut aus seinem Mund spritzt und eine offene Wunde auf der Zunge deutlich auseinanderklafft. Alle Farbe weicht aus seinem Gesicht. Aber er gibt keinen Ton von sich. Er schreit nicht, er weint nicht. Er ist wie erstarrt, bis in die Notaufnahme der Ambulanz.

Der Arzt sagt: „Ihr Sohn hat ein großes Loch in der Zunge. Das müssen wir zunähen. Er steht unter Schock. Wir werden es ohne Narkose machen, denn er spürt im Moment keinen Schmerz." Und umgehend näht er mit Nadel und Faden das Loch wieder zu. Markus merkt nichts. Der Schock hat seinen Schmerz betäubt.

So geht es jetzt mir. Der erlittene Verlust hat eine tiefe, ernst zu nehmende Wunde in mir geschlagen. Mein Körper reagiert mit Schock. Ich erinnere mich an Trauernde, die bei der Beerdigung wie erstarrt am offenen Grab standen und nichts fühlen konnten. Das muss auch auf andere erst einmal befremdlich wirken. Jetzt weiß ich: Schock wirkt als Betäubung für die Seele. Noch kann sie die volle Realität des Todes nicht erfassen. Der Schock ist eine völlig gesunde Reaktion auf den ersten schlimmen Schmerz. Nur so können wir diese Zeit überhaupt überleben. Es braucht Zeit zu begreifen und es braucht Zeit, damit sich Gefühle einstellen können.

Schock wirkt als Betäubung für die Seele.

Mit jedem Weg zum Friedhof sickert es mehr in mein Bewusstsein: Unsere gemeinsame Zeit auf dieser Erde ist endgültig vorbei.

Im Haus meiner Trauer bin ich nun angekommen. Hier werde ich mich nun einrichten. Schock und das Gefühl der Unwirklichkeit sind meine Begleiter. Mir scheint, dass meine erste Aufgabe nun darin besteht, die Realität des Todes anzuerkennen.

Jost:
Die E-Mail trifft mich wie ein Schlag: „Dr. med. Franz Keller ist tot“, schreibt ein Freund. „Er wählte gestern Morgen den Freitod. Wir verlieren einen prima Kollegen mit hohem medizinischen Können, höchster Kreativität und ein Leben mit tiefen dunklen Tälern und sonnigen Höhen.“ Ich kann es nicht glauben. Es schnürt mir den Hals zu. Franz war ein Kollege, den ich immer bewundert habe. Ich habe viel von ihm gelernt. Er war einige Jahre älter als ich und schon in eigener Praxis tätig, als ich mit meiner Praxis begann. Mir gehen Bilder und Erinnerungen durch den Kopf. Franz war begeisterter Hobbyflieger. Er nahm mich einmal mit in seinem Motorsegler. Es war herrlich, die Welt unter sich zu lassen und über allem zu schweben. Franz strahlte immer Ruhe aus. Ich fühlte mich sicher bei ihm. Vor einigen Wochen war er noch bei uns zu Hause gewesen und hatte bei einem Glas Wein von einem schrecklichen Unfall auf dem Segelschiff seines Freundes erzählt, der ihn fast das Leben gekostet hätte. Aber er war unversehrt geblieben und konnte seinen schwer verletzten Freund in eine Spezialklinik bringen. Dankbarkeit sprach aus seinen Worten. Ich fand es bemerkenswert, wie besonnen er in dieser Krisensituation reagiert hatte. Und jetzt das. „Dr. med. Franz Keller ist tot.“ Ich muss es zwei-, dreimal lesen. Franz war doch immer lebenslustig und für manches Abenteuer zu haben. Ein Kollege, den ich jederzeit anrufen konnte und der mir oft einen guten medizinischen Rat gegeben hat. Hin und wieder hatten wir zusammen Musik gemacht, er spielte Gitarre. Die war dreißig Jahre alt und er hatte sie immer dabei. Beim Gitarrenspiel würde sich seine Seele erholen, hatte er mir einmal gesagt. Es rührte mich, wie Franz von seiner Gitarre sprach, fast wie von einer Geliebten. Er hatte sie bei jenem Segelunfall verloren, sie ist im Meer versunken.

Viele Hinterbliebene erleben die unmittelbare Konfrontation mit dem Tod als Schock, als etwas Ungeheuerliches, das sie völlig unvorbereitet überfällt. So ging es mir auch mit dem Tod meines Kollegen. Wir alle, seine Kollegen und Freunde, standen fassungslos davor. Nicht umsonst steht häufig über Traueranzeigen: „Plötzlich und unerwartet ...“ Das ist durchaus nicht nur bei unvorhergesehenen Schicksalsschlägen zu lesen, sondern ich finde es auch in den Todesanzeigen vieler meiner chronisch kranken Patienten, wo mit dem Tod doch irgendwie zu rechnen war. Wenn es eines Tages tatsächlich so weit ist, dann ist plötzlich eine tiefe existenzielle Betroffenheit da. Es ist einfach ganz anders als alles, was man bisher erlebt hat.

Eine ganze philosophische Strömung ist aus dieser Erfahrung entstanden, in der zweiten Hälfte des vergangenen Jahrhunderts, um den Philosophen Heidegger herum.[3] Das menschliche Leben ist ein „Sein zum Tode", erkannte Heidegger.

Manchmal gibt es so etwas wie Vorahnungen. „Seit meiner Kindheit habe ich es immer irgendwie gewusst, dass mein Vater irgendwann freiwillig aus dem Leben gehen wird", sagte die erwachsene Tochter meines Kollegen bei seiner Trauerfeier. Aber wenn der Moment dann da ist, steht man trotzdem unter Schock.

Nicht selten kommen Menschen in dieser Phase zu mir als Arzt. Früher gingen sie vielleicht eher zum Seelsorger. Stellt sich doch die Frage: Wie kann das Leben weitergehen? In der Regel geht es eben nicht einfach weiter und mitunter muss der Arzt den Betroffenen erst einmal arbeitsunfähig schreiben.

Annabell sitzt vor mir, abgrundtief traurig. Stockend schildert sie, wie ihr Leben vor drei Tagen zusammenstürzte, als die Polizei ihr die Nachricht vom Unfalltod ihres Sohnes überbrachte. Arbeiten geht gar nicht mehr. Verzweiflung schlägt mir entgegen. Nachts bekomme sie kein Auge zu. Einfache Tätigkeiten bauten sich zu einem riesigen Berg auf. Sie kann sich nicht vorstellen, wie ihr Leben ohne den geliebten Sohn weitergehen kann.

In dieser akuten Phase der Trauer ist es wichtig, praktische Hilfen anzubieten, mehr ist oft nicht möglich.

Ich höre ihr zu. Frage nach. Biete meine Hilfe in ganz praktischen Dingen an, wie Krankschreibung, ein Medikament zum Schlafen, leichte Beruhigungsmittel für die Zeit um die Beerdigung herum.

In dieser akuten Phase der Trauer ist es wichtig, praktische Hilfen anzubieten, mehr ist oft nicht möglich. Da haben wir Ärzte es vielleicht einfacher als die Seelsorger. Wir können schon mit einer Beruhigungsspritze oder Beruhigungstropfen etwas sehr Handgreifliches, Sichtbares anbieten, was meist auch gerne angenommen wird.

Besinnung: Im finsteren Tal (Psalm 23)

Britta:

Es gab Tage, da habe ich bestimmte Bibelverse laut vor mich hin gesprochen. Wenn mir selbst die Worte fehlten, dann konnte ich mich auf diese Worte stützen. So wurde mir ein Satz aus dem 23. Psalm zum tröstenden Begleiter: „Und ob ich schon wanderte im finsteren Tal, fürchte ich kein Unglück, denn du bist bei mir: Dein Stecken und Stab trösten mich.“

Der wohl bekannteste Psalm der Bibel spricht vom Hirten, der sich fürsorglich um seine Schafe kümmert. So ist die Liebe und Fürsorge Gottes, sagt der Psalm. Wie ein Hirte sich um seine anvertrauten Schafe kümmert, so kümmert sich Gott um uns. Ganz eng wird diese Verbindung im finsteren Tal, wo nie die Sonne hinkommt. Da brauchen die Schafe ihren Hirten in besonderer Weise.

„Und ob ich schon wanderte im finsteren Tal, fürchte ich kein Unglück, denn du bist bei mir.“

Auch die Trauer führt mich durch ein finsteres Tal. Die Angst vor der Zukunft tut sich vor mir auf wie eine tiefe Schlucht. Gewaltige Felsen ragen auf. Geröll versperrt den Weg. In der Finsternis lauern Gefahren. Angst steigt in mir auf.

Doch ich spüre den Hirten. Er steht neben mir, an meiner Seite. Seine Nähe strahlt Wärme aus. Ich kann meinen Weg wieder erkennen. Den nächsten Schritt wagen. Die Finsternis verliert ihren Schrecken. Aus den Schatten treten Bäume und Büsche hervor. Ich fühle mich sicher: „Dein Stecken und Stab trösten mich.“

Auf seinem Stab stützt er sich auf, wenn es beschwerlich wird. Mit seinem Stab hilft er mir wieder auf die Beine, wenn ich am Boden liege. Mit dem Stecken wehrt er wilde Tiere ab, wenn sie mich bedrohen. Ich spüre Trost und mein Herz wird ruhig.

Aus der Enge des finsteren Tals geht es hinaus in die Weite einer grünen Hochebene. Für Weite und Trost steht im Hebräischen dasselbe Wort. Gott führt mich aus der Enge der Angst hinaus in die Weite des Trostes.

Kopf hoch

Hänge
meine Trauer
in den Schrank

Ziehe
mein Lächeln an
wie einen Schleier

Trage
den Kopf hoch
Bewahre
die Fassung

Überhöre
leichtfertigen Trost
Komme
so durch den Tag

Kann wieder weinen
in der Nacht

Raum des Schmerzes – Den Schmerz annehmen

Britta:

Die Kaffeemaschine blubbert vor sich hin, der schwarze Kaffee tropft in die Kanne. Ich schiebe die letzten Traumfetzen der Nacht beiseite und versuche den neuen Tag zu beginnen. Gleich werden die Kinder zum Frühstück kommen. Und dann ist sie wieder da: die Trauer. Tränen schießen mir in die Augen. Ich habe wieder einmal zu viel Kaffee gekocht. Habe ich es denn immer noch nicht kapiert, dass eine ganze Kanne Kaffee zu viel ist? Da holt mich die Wirklichkeit ein: Ich trinke seit dem 5. Januar meinen Kaffee allein. Ich brauche nur noch eine halbe Kanne. Es ist eben nichts mehr, wie es war. Alles ist anders. Ich muss erst langsam das neue Maß für mich selbst finden.

Dem Schmerz begegnen, mit ihm umgehen lernen, das sind wohl die Aufgaben im Raum des Schmerzes.

Ich bin im Raum des Schmerzes angekommen. Nach dem Schock können sich nun meine Gefühle lösen. Tränen können fließen. Im Raum des Schmerzes begegne ich meinen Gefühlen, spüre den Verlust in aller Härte und Konsequenz. Dem Schmerz begegnen, mit ihm umgehen lernen, das sind wohl die Aufgaben im Raum des Schmerzes.

Die Trauer ist mein ständiger Begleiter geworden. Sie gehört an meine Seite, die verletzt und wund ist. Sie sitzt schon morgens am Frühstückstisch und wartet auf mich, wandert neben mir im Wald, radelt durch die Felder, wenn ich „unsere" Wege fahre, hockt in der Kirchenbank, sie liegt neben mir in meinem Bett. Sie fragt nicht nach Zeit und Stunde, manchmal kommt sie völlig überraschend, wie aus dem Hinterhalt springt sie mich an, steht plötzlich vor mir, unverhofft, unbarmherzig. Kleine Begebenheiten, Stimmungen, Orte, Gerüche, Klänge, Licht können mich von einer Sekunde auf die andere in den Raum des Schmerzes versetzen.

Das klare Licht eines wolkenlosen Septembermorgens rührt unvermittelt an meinem Schmerz. So stand sie, die Sonne am Himmel, so fiel das Licht auf die Erde, als wir die niederschmetternde Diagnose Lungenkrebs erhielten. Mit diesem Tag wurde unsere Welt in den Grundfesten erschüttert.

Immer und überall spüre ich die Lücke, und das Stunde für Stunde, Tag für Tag, Woche für Woche und Monat für Monat.

Im Raum meines Schmerzes stehe ich manchmal mitten im Chaos meiner Gefühle. Wut, Ohnmacht, Angst, Traurigkeit, Klage: Alles bricht auf. Manchmal überschwemmen mich diese Gefühle regelrecht.

Mich quälen Fragen nach den Ursachen, die zu der Krebserkrankung geführt haben. Wie ist es möglich, dass ein konsequenter Nichtraucher wie mein Mann Lungenkrebs bekommt? Wenn nicht die Zigarette infrage kommt, wer trägt dann die Schuld? Ist es die Genetik? Oder waren es die Krisen, die ihm schwer zu schaffen gemacht hatten und die noch nicht allzu lange zurückliegen?

Was haben wir nur übersehen? Gab es irgendwelche Anzeichen, die wir nicht wahrgenommen haben? Haben die Ärzte wirklich alles ausgeschöpft, was in ihren Möglichkeiten stand? Warum hast du, Gott, das zugelassen?

Außerdem plagen mich entsetzliche Nackenschmerzen und quälende Muskelverspannungen. Aber es ist kein Wunder, dass sich der Schmerz gerade an dieser Stelle im Körper festsetzt. Im etymologischen Wörterbuch habe ich herausgefunden, dass „Trauer" bzw. „trauern" sprachlich abgeleitet wird aus dem Mittelhochdeutschen „trüre". Das bedeutet: „das Senken des Hauptes" oder „die Augen niederschlagen". Körperschmerz und Seelenschmerz hängen eben untrennbar zusammen.

Auch wenn der Trauerschmerz schwer auszuhalten ist und Tränen mitbringt, möchte ich mich öffnen und den Schmerz annehmen. Ich wünsche mir, dass ich die Trauer nicht als Feindin erlebe, sondern mich mehr und mehr mit ihr vertraut mache wie mit einer Schwester. Dabei erlebe ich, dass sich Trost einstellt, sobald ich den Schmerz durchschritten habe. Es ist wohl ein Geheimnis, dass die Trauer den Trost mitbringt, dass die „Schwester Trauer" behutsam ihren Mantel des Trostes um mich legt und sich unmerklich wandelt zur „Schwester Trost".

Es ist wohl ein Geheimnis, dass die Trauer den Trost mitbringt, dass die „Schwester Trauer" behutsam ihren Mantel des Trostes um mich legt und sich unmerklich wandelt zur „Schwester Trost".

Immer wieder habe ich das Bedürfnis, mir meinen Schmerz von der Seele zu schreiben. Worte fallen mir zu und manchmal entsteht daraus ein Gedicht. Es ist so, als würde der Schmerz eine Gestalt annehmen, die Trauer ein Kleid bekommen, als würden sich meine Tränen in Worte verwandeln.

Wegweisend durch den Trauerprozess ist für mich eines der ersten Gedichte geworden, das ich im Januar 2006 geschrieben habe:

Trost

Komm, meine Schwester Trauer
an meine Seite,
setz dich still.

Schenk mir
deine Tränen,
bring den Geliebten mir zurück.

Bleib bis mich umhüllt
ein wenig Trost,
lindert den Verlust.

Geh, meine Schwester Trauer.
Jedoch den Mantel
lass zurück.

Nichts ist mehr, wie es war

Vor mir liegt ein riesiger Papierberg: Rentenunterlagen, Krankenkasse, Versicherungen, Erbschein. Wie soll ich das alles schaffen? Beim Ausfüllen der vielen Anträge trifft es mich jedes Mal, wenn ich mein Kreuz an der Stelle „Familienstand" setzen muss. Verwitwet. Es ist die letzte Spalte in der Reihe: Ledig, verheiratet … verwitwet. Da bin ich also nun angekommen. Wie das klingt: Witwe! Und das soll ich jetzt sein? Ich bringe es nicht über meine Lippen. Ein fremdes Selbstbild drängt sich in mein Leben. Ich bin allein. Es gibt kein „ich und du“ mehr, kein „wir“, kein „mir und dir.“

Ich muss mich mit dieser neuen Identität erst noch auseinandersetzen. Die Kinder sind nun Halbwaisen. Erst einige Wochen später wird mir bewusst, dass ich nun auch alleinerziehende Mutter bin. Keine Elternschaft mehr. Auch das Leben als Pfarrfrau im Pfarrhaus hat ein Ende. Lange Jahre habe ich mich an der Seite von Matthias für Gemeindearbeit engagiert und das auch gerne getan. Ich sah es als meine Berufung an, habe dafür zeitweise auf das Ausüben meines eigenen Berufes verzichtet. Das ist nun auch am Grab von Matthias zu Ende gegangen. Und keiner hat es gemerkt! So empfinde ich es jedenfalls. Mein komplettes Lebensgefüge ist erschüttert, und das schmerzt ungeheuer. Wer bin ich jetzt?

Ein anstrengender Arbeitstag liegt hinter mir. Am Abend noch eine Sitzung und dann endlich geht es mit dem Auto nach Hause. Diese Veranstaltung war mal wieder sehr interessant und hat einige Fragen um die Nutzung von Medien aufgeworfen. Ich hänge meinen Gedanken noch nach, öffne die Tür und will gerade mit dem Erzählen beginnen. Da wird mir bewusst: Matthias ist nicht da, ich bin allein und kann meinen Tag nicht mit ihm teilen. Diese Erkenntnis sickert durch meine erstarrten Gefühle. Mehr und mehr begreife ich durch solche Erlebnisse, dass unsere Beziehung auf dieser Erde ein Ende hat. Ich bin traurig, unendlich traurig.

Eine Frage treibt mich in den ersten Wochen um: Wie kann ich es schaffen, zum Tagesgeschehen überzugehen? Wie kann ich zu meinem Alltagsrhythmus zurückkehren, wo sich doch alles so leer anfühlt? Ich werde das Gefühl nicht los, als bewege ich mich in zwei Welten. Da ist der Alltag mit seinen Anforderungen, Arbeiten, die zu erledigen sind. Hier habe ich zu funktionieren, den Kopf hoch zu halten und Fassung zu bewahren. Auf der anderen Seite das Wandern durch den Schmerz, was Stille und Achtsamkeit braucht. Wie kann ich diese Welten zueinander führen? Wie kann beides Platz in mir finden?

Vier Wochen nach der Beerdigung von Matthias war ich an meinen

Arbeitsplatz, eine Beratungsstelle, zurückgekehrt. Ich fragte mich: „Bin ich überhaupt schon wieder in der Lage, mich auf meine Arbeit zu konzentrieren? Hätte ich noch Zeit gebraucht?"

Mir hat es damals geholfen, auf dem Weg zur Arbeit meine Trauer bewusst abzulegen.

Die Trauer gehört in meinen persönlichen Lebensraum und nicht auf die Arbeit! Das beschloss ich für mich. Freunde hatten mir geraten, ein Bild im Büro aufzustellen, damit ich auch dort einen Ort der Trauer hätte. Aber das ging für mich überhaupt nicht. Irgendwie habe ich mich in diesen zwei verschiedenen Lebenswelten eingerichtet. Habe die Gedanken an die Trauer bewusst zur Seite geschoben, um mich auf die beruflichen Anforderungen zu konzentrieren. Zu Hause gab es dann wieder Raum für die Trauer.

Es wird ein weiter Weg sein, bis ich die Trauer in mein Leben integriert habe. Noch lebe ich häufig im „entweder … oder". Und doch erlebe ich die positiven Seiten der Berufstätigkeit: Mein Leben bekommt wieder eine Struktur. Und das tut mir sehr gut.

Jost:

Dass Menschen es schwer haben, nach dem Verlust eines lieben Menschen wieder in den Alltag zurückzufinden, sehe ich daran, wie lang ich sie arbeitsunfähig schreiben muss. Selten gelingt es einem Trauernden, seine berufliche Tätigkeit schon nach wenigen Tagen wieder aufzunehmen. Allerdings kann die Arbeit für manch einen auch Ablenkung und Hilfe sein. Sie strukturiert den Tag und gibt ihm einen festen Ablauf. Gerade die Alltagsroutine ist ja durch den Tod ins Wanken geraten. Da kann alles, was Struktur gibt, helfen, aus der Erstarrung des ersten Schmerzes langsam herauszufinden.

Britta hat es geholfen, den Lebensbereich Arbeit von der Trauer fernzuhalten. Trauer hat ihre Orte, wo sie sein darf und sein muss. Aber man darf auch bestimmte Bereiche für die Trauer verschließen. Es kann sein, dass Menschen im Umfeld dann meinen, man trauere ja gar nicht richtig. Trauer ist jedoch etwas sehr Persönliches. Trauernde tun deshalb gut daran, nicht danach zu fragen, was andere über ihre Trauer denken.

Eine Kollegin von mir, deren 13-jähriger Sohn auf tragische Weise ums Leben kam, ging wenige Tage später wieder in ihre Praxis. Sie hielt es zu Hause nicht aus. Die Arbeit lenkte irgendwie ab. Aber der Schmerz blieb und bricht auch nach Jahren immer wieder durch.

Dem Schmerz begegnen

Britta:

Bereits auf der Schwelle zum Raum des Schmerzes hatte ich das Gefühl, dass ich vor einer Entscheidung stand. Ich dachte: Entweder betrete ich den Raum und öffne mich dem Schmerz oder aber ich verschließe mich und werde dabei vielleicht hart und verbittert. Mir sind solche hart gewordenen Menschen begegnet. Das wollte ich auf keinen Fall.

Meine Freundin Bettina erwartete zu jener Zeit ihr fünftes Kind und war stolz darauf, noch einmal Mutter zu werden. Wir haben viel miteinander gesprochen. Irgendwie ahnte ich, dass auch mich neues Leben erwartete.

„In ein neues Leben hineingeboren werden ohne meinen Mann, wie kann das gehen“, fragte ich mich oft. Bettina erzählte mir von ihrem Geburtsvorbereitungskurs und ich erinnerte mich an meine eigenen vier Schwangerschaften und die Geburten unserer Kinder. Was hatte die Hebamme damals gesagt: „Wenn die Wehe kommt, nicht verkrampfen, nicht dem Schmerz ausweichen, ihn annehmen, den Schmerz sein lassen, er kommt und geht. Mit dem Wehenschmerz arbeiten. Ins Zentrum des Schmerzes atmen, ihn beatmen, dem Schmerz Raum geben, ihn als Geburtshelfer annehmen.“

So ist der Schmerz die nötige Vorbereitung, damit neues Leben auf die Welt kommen kann. Mir hat es geholfen, den Trauerschmerz als eine Art Wehenschmerz zu begreifen. Ich erlebe ihn als einen Weg ins Leben. Auch wenn er stark und intensiv ist, möchte ich ihn als willkommenen Geburtshelfer annehmen und mich ihm öffnen.

Mir hat es geholfen, den Trauerschmerz als eine Art Wehenschmerz zu begreifen.

Ich trage Trauer

Ich trage Trauer
sie trägt mich
von Geburt
zu Geburt.

Trauer braucht ihren Ausdruck, Schmerz braucht Sprache. In unserer Kultur sind wir eher gehemmt, wenn es darum geht, Gefühle zu zeigen. In anderen Kulturen wird oft lauter geklagt und geweint. Auch Wut kommt hoch und darf ausbrechen. „Warum bist du gegangen? Warum hast du mich allein zurückgelassen? Und wo warst du, Gott? Warum hast du das zugelassen?“ Für die Umwelt ist es manchmal schwer zu verstehen, dass Trauer sich auch massiv in Form von Wut äußern kann. Aber die Wut gehört genau wie die Klage in den Raum des Schmerzes und will gelebt werden.

Mein Auto war immer ein kleiner, geschützter Kosmos für mich, in dem ich völlig ungestört meinen Gefühlen freien Lauf lassen konnte. Was habe ich da manchmal einfach laut geklagt. Wie entlastend war das!

Die Fußball WM 2006 fand ein halbes Jahr nach dem Tod meines Mannes in Deutschland statt. Matthias war ein begeisterter Fußballfan gewesen. Im Sommer 2006 machte ich mich sozusagen stellvertretend für ihn auf zu einigen Spielen nach Frankfurt. Ich bin auf die Fanmeile gezogen und habe mit allen Fans gezittert, gebangt, geschimpft und gejubelt. Das kollektive Schreien, wenn ein Tor fiel, war herrlich, ich habe mit der Masse gebrüllt. Auch wenn es keiner sah: Es war der gewaltige Schmerz der Trauer, der sich hier Luft machte. Und dabei fühlte ich mich auf ganz besondere Weise mit Matthias verbunden. Das hat mir unendlich gut getan.

Klaus, ein guter Freund, erzählte mir, dass er bereits einige Tage nach Matthias Tod mit einer Kettensäge in den Wald gegangen sei. Er hatte das Bedürfnis, einen Baum zu fällen und so seinem Schmerz Luft zu machen. Aus dem geschlagenen Holz hat er dann ein ausdrucksstarkes Kunstwerk geschaffen, eine Dreieinigkeitsstatue. Gedanken um die Dreieinigkeit waren eins von Matthias' theologischen Kernthemen, über das er sich oft mit Klaus ausgetauscht hatte.

Jost:

„Schmerz und Klage sind unsere erste und natürliche Antwort auf den Verlust eines geliebten Menschen", schreibt Hermann Hesse. „Sie helfen uns durch die erste Trauer und Not."[4]

Seelischer Schmerz hat ursprünglich eine ähnliche Funktion wie körperlicher Schmerz. Er will uns auf etwas aufmerksam machen, das nicht in Ordnung ist. Britta beschreibt ihre heftigen Nackenschmerzen als Ausdruck ihres seelischen Leidens. Ständiger Schmerz führt häufig zu Muskelverspannungen im entsprechenden Körperbereich und damit wiederum zu intensiverem Schmerz in der Muskulatur. So ist es nicht verwunderlich, dass Britta ihr seelisches Leid als heftigen Nackenschmerz infolge der muskulären Verspannung in diesem Bereich erlebt. Etwas sehr Belastendes sitzt ihr im Nacken.

In der Medizin unterscheiden wir drei Arten von körperlichem Schmerz: 1. Der Entzündungsschmerz. Der Zahn tut weh und will mich dazu bringen, dass ich zum Zahnarzt gehe und die Ursache, in diesem Fall eine Entzündung, behandeln lasse. 2. Der chronische Schmerz infolge von Verschleiß oder zum Beispiel aufgrund eines Tumors. Dieser Schmerz will betäubt und gelindert werden. Häufig haben wir hier nicht die Möglichkeit, die Ursache zu beheben. 3. Der heilende Schmerz. Das ist zum Beispiel der Wundschmerz nach einer notwendigen Operation. Wenn der Chirurg bei einer Blinddarmentzündung das Messer ansetzt, dann geht es ohne Schmerz nicht ab. Aber dieser Schmerz ist für die Heilung notwendig. In der darauffolgenden Heilungsphase sagen wir unseren Patienten: Achtet auf den Schmerz, der leitet euch, wie weit eine Belastung möglich ist. Der Schmerz soll verhindern, dass ihr den Körper überfordert. Ohne Schmerzen geht es nicht. Denn dann würden wir die Grenzen unserer Belastbarkeit nicht erkennen.

Diese dritte Art, der heilende Schmerz, entspricht am ehesten dem Trauerschmerz. Er muss wahrgenommen und zugelassen werden. Dann führt er zu Trost und langfristig zu Heilung. Keine Trauer ohne Schmerz. Er begleitet durch die Zeit der Trauer und ist auch ein Schutz.

Immer wieder erzählen Menschen mir im psychotherapeutischen Gespräch, sie hätten nach dem Tod einer nahestehenden Person eigentlich nicht getrauert, sondern seien rasch zur Tagesordnung übergegangen. Diese Menschen kommen später oft mit unklaren körperlichen Beschwerden in die Sprechstunde. Denn versäumter Trauerschmerz sucht sich einen anderen Ausdruck, zum Beispiel in Form von psychosomatischen Beschwerden. Das können unklare Bauchschmerzen, Kopfschmerzen, Rückenschmerzen oder Herzbeschwerden sein, die oft verbunden sind mit Angst und Panik. Andere Hinterbliebene entwickeln Monate nach dem Verlust einer nahestehenden Person eine Depression.

Den Trauerschmerz zuzulassen verlängert den Trauerprozess nicht, wie manche meinen, sondern hilft, ihn zu durchlaufen.

Den Trauerschmerz zuzulassen verlängert den Trauerprozess nicht, wie manche meinen, sondern hilft, ihn zu durchlaufen. Er führt dazu, dass man nicht zu leicht zur Tagesordnung übergeht. Schmerz verbindet mit dem Verstorbenen. Viele Trauernde wollen sich diesen Schmerz auch gar nicht einfach nehmen lassen. Häufig haben sie nämlich Angst, der Verstorbene könnte vergessen werden. Das ist für sie ein ganz schrecklicher Gedanke. Zu Beginn der Trauer gelingt es meist nur im Schmerz, eine innere Verbundenheit mit dem Verstorbenen zu erleben.

Aber den Schmerz zulassen ist mitunter nicht so einfach. Menschen neigen dazu sich zu entschuldigen, wenn sie Gefühle zeigen: „Herr Doktor, tut mir leid, ich wollte nicht weinen." Das höre ich häufig. Als ob man sich für seine Gefühle schämen müsste. Man kann sie ja nicht einfach abstellen. Ich sage meinen Patienten: „Sie sind nicht verantwortlich für Ihre Gefühle. Sie sind verantwortlich für Ihr Handeln, das sich daraus ergibt."

Sie sind nicht verantwortlich für Ihre Gefühle. Sie sind verantwortlich für Ihr Handeln, das sich daraus ergibt.

Menschen haben selbst keinen großen Einfluss darauf, welche Gefühle sie überkommen. Schmerz, Trauer, Verzweiflung, Wut, Enttäuschung, Angst – diese Gefühle sind einfach da und haben ein Recht, zum Ausdruck zu kommen. Sonst werden sie sich andere Wege suchen und körperliche Beschwerden verursachen, die uns dann daran erinnern, dass wir etwas unterdrücken.

In meinem Beratungsraum habe ich immer eine Packung Papiertaschentücher bereitstehen. Es vergeht kaum eine Stunde, in der sie nicht benutzt werden. Viele Neurobiologen sind der Meinung, dass sich in den Tränen vermehrt Stresshormone befinden, die abfließen, wenn man den Tränen freien Lauf lässt. Das tut richtig gut. Weinen erleichtert und entlastet.[5]

Häufig stellen sich auch negative Gefühle ein, die man noch weniger zulassen möchte. De mortuis nihil nisi bene – über Verstorbene nichts als Gutes reden, das sagten schon die alten Römer. Aber es war nie alles nur gut. In keinem Leben. Bei keinem Menschen. Es gab Verletzungen oder Enttäuschungen und nicht zuletzt Wut, dass man jetzt einfach so alleine gelassen wird. Auch diese Gefühle haben ihr Recht.

Über das reden, was wehtut, hilft – es hilft, den Schmerz zu spüren und ihn zuzulassen. Das ist heilsam.

Ich frage meine trauernden Patienten oft: Was vermissen Sie an dem Verstorbenen am meisten? Wofür sind Sie ihm dankbar? Was hat er Ihnen hinterlassen, das Ihnen niemand nehmen kann? Aber ich frage auch: In welcher Hinsicht fehlt er Ihnen nicht?

Über das reden, was wehtut, hilft – es hilft, den Schmerz zu spüren und ihn zuzulassen. Das ist heilsam. Shakespeare lässt Malcolm in Macbeth sagen: „Gebt Worte eurem Weh: Schmerz, der nicht spricht, raunt ins beschwerte Herz sich, dass es bricht.“

Neurobiologie des Trauerschmerzes

Jost:
Der Neurobiologe Gerald Hüther vergleicht unser Gehirn mit einer Landschaft, in der es viele Wege gibt: breite ausgefahrene Straßen, schmale verwunschene Gassen oder auch kaum erkennbare Trampelpfade, die lange nicht begangen wurden und von Unkraut zugewachsen sind. Zu einem großen Durchbruch kam es in der Hirnforschung, als man in den letzten Jahrzehnten erkannte, dass unser Gehirn nicht festgelegt ist, sondern sich flexibel an seine Bedürfnisse anpassen kann. Nervenverknüpfungen im Gehirn werden entsprechend ihres Gebrauchs besser oder schlechter ausgebaut. Wege bzw. Nervenverknüpfungen, die kaum benutzt werden, verwildern mit der Zeit und funktionieren nur sehr schlecht oder gar nicht. So passt sich das Wegenetz unseres Gehirns den Bedürfnissen flexibel an.

Wenn in Zeiten höchster Bedrohung Alarm ausgelöst wird, dann greift unser Organismus auf dies vorhandene Wegenetz zurück und sucht nach Nervenverknüpfungen, die rasch Lösungen bereitstellen.

Der Verlust eines Menschen wird in der Regel als Stress und Trauma erlebt, das zu bewältigen besondere, außergewöhnliche Lösungen erfordert. Das ist spürbar: Alles in dem betroffenen Menschen gerät in Erregung. Was er hört, sieht, fühlt, wird als Nervenimpulse an einen kleinen mandelgroßen Hirnbereich gemeldet. Dieser „Feuermelder" sitzt tief in unserem Gehirn versteckt. Wir nennen ihn den Mandelkern. Hier werden eingehende Impulse und Gefühle bewertet. Es wird geprüft, ob es sich um eine lebensbedrohliche Situation handelt oder nicht. Bei großer Gefahr bewirkt der Mandelkern, dass Adrenalin ausgeschüttet wird. Adrenalin macht den Menschen in höchstem Maße aktiv und alarmbereit. Er entscheidet in Sekundenschnelle, ob er auf die Bedrohung mit Angriff, Flucht oder Erstarrung (Totstellreflex) reagiert. Diese blitzschnelle Reaktion umgeht

Der Verlust eines Menschen wird in der Regel als Stress und Trauma erlebt, das zu bewältigen besondere, außergewöhnliche Lösungen erfordert.

zunächst die höheren Regionen unseres Gehirns und führt unmittelbar, „ohne nachzudenken“, zu einer Reaktion des Körpers, die ursprünglich der Lebensrettung dient.

Ähnliches erleben viele Menschen, wenn sie unverhofft über den Tod eines Angehörigen informiert werden: „Als die Todesnachricht überbracht wurde, war ich wie erstarrt. Ich konnte es nicht glauben. Das ist doch nur wie ein böser Traum.“

Erst einige Zeit später gibt unser Feuermelder die Signale an höhere Zentren im Gehirn weiter. Dort wird bewertet und vernunftbestimmt überlegt. Das Gehirn vergleicht jetzt die Impulse mit früheren Erfahrungen und leitet daraus seine Schlüsse ab, zieht entsprechend das weitere Vorgehen in Betracht. „Was ist jetzt zu tun? Wer muss benachrichtigt werden?“

Allerdings zeigt uns die Traumaforschung, dass trotz der Einschaltung vernunftbestimmter Hirnzentren der Mandelkern weiter hochaktiv ist und das Erleben emotional stark überlagert. „Es ist nicht zu fassen.“ Ein dumpfes Unbehagen, häufig verbunden mit Angst und Schrecken, bleibt längere Zeit das bestimmende Gefühl. Diese Reaktion ist im Prinzip auch sinnvoll, denn wenn es sich um ein lebensbedrohliches Ereignis handelt, ist längere Wachsamkeit erforderlich, um sich zu schützen. So jedenfalls „denkt“ unser Feuermelder, der Mandelkern. „Es gelingt mir nicht, klar zu denken. Ich weiß nicht, wo mir der Kopf steht.“

Besonders ein Verlust, der sehr emotional bzw. traumatisierend erlebt wird, brennt sich durch die intensive Aktivität des Mandelkerns tief ins Gedächtnis ein. Diese eingebrannten Gedächtnismarken können schnell wieder in voller Stärke aktiviert werden, wenn entsprechende Sinnesreize, die mit dem belastenden Ereignis verbunden sind, plötzlich in anderen Situationen auftreten. Dann erlebt der Betroffene das traumatische Ereignis mit seinem ganzen Körper so, als ob es gerade erst passiert wäre. Das nennen wir in der Traumatherapie Flashbacks oder Intrusionen: Ein emotionales Wiedererleben von belastenden Ereignissen, verbunden mit unangenehmen körperlichen und seelischen Empfindungen.

Wir treffen Kollegen auf einem Kongress. Man kennt sich von früher, abends sitzen wir in lockerer Runde bei einem Glas Wein zusammen. Wir tauschen uns aus, fragen nach den Kindern. „Ihr habt doch drei Söhne?" Die Antwort kommt seltsam zögernd: „Ja, ähm ..." Irgendwie haben wir den Eindruck, das Thema sollten wir im Moment nicht vertiefen. Wir kommen aufs Fliegen zu sprechen. Helmut ist begeisterter Sportflieger. Vor einigen Jahren hatte er mich mal in seinem Flugzeug mitgenommen. Ich frage nach seinen Flugerlebnissen und schwärme davon, wie toll ich es fand, damals mit ihm zu fliegen. Unser Gegenüber wird immer wortkarger, seine Frau sagt gar nichts mehr. Meine Frau fragt, wie sicher es sei, mit diesen kleinen Maschinen zu fliegen. „Sicherheit gibt es nicht!", sagt Helmut schroff. Wir sind irritiert und wissen im ersten Moment gar nicht mehr, was los ist. Haben das Gefühl, lauter schrecklich falsche Dinge gesagt zu haben. Helmut sagt: „Tut mir leid, ich muss da was erklären." Und dann erzählen die beiden uns, dass ihr 17-jähriger Sohn vor zwei Jahren beim Segelfliegen tödlich verunglückt ist. „Schon die Frage, wie viele Kinder wir haben? bringt uns ins Schleudern", sagen sie. „Wir hatten drei, nun leben nur noch zwei. Aber eigentlich haben wir doch drei Kinder." Und übers Fliegen können sie gar nicht mehr sprechen. „Dann kommen all diese schrecklichen Gefühle hoch, wie damals, als unser Sohn starb."

Es kann unterschiedlich lange dauern, bis solche Flashbacks an Wucht verlieren und sich abschwächen.

Besondere Tage der Trauer erleben

Britta:

Der letzte Sonntag im Kirchenjahr ist der Ewigkeitssonntag. Im evangelischen Gottesdienst werden traditionell die Namen derjenigen verlesen, die im vergangenen Jahr gestorben sind. Bisher hat Matthias als Pfarrer dieses Amt ausgefüllt. In diesem Jahr wird jemand an seiner Stelle stehen und sein Name wird sich einreihen in die Liste der Verstorbenen. Wie soll ich das in der Kirchenbank aushalten? Soll ich nicht lieber dem Gottesdienst fernbleiben? Diese Frage quält mich, bis ich mich an die Erfahrungen der letzten Monate erinnere: Immer, wenn ich bewusst durch die Trauer hindurchgegangen bin, hatte ich das Gefühl, wieder einen Schritt weiter zu sein, ein wenig mehr Boden unter den Füßen zu spüren. Gleichzeitig frage ich mich: Was brauche ich für diesen besonderen Sonntag? Was hilft mir? Was trägt mich?

Es ist mir ein Bedürfnis, diese besonderen Tage im Jahr zu gestalten, darin lebendig und wachsam zu sein. Also machte ich mich auf die Suche nach einem Symbol oder einem Trost schenkenden Ritual, das die Bedeutung von Tod und Ewigkeit, Trauer und Trost einfängt. Meine Gedanken gehen ein Jahr zurück. Die Krankheit von Matthias fiel in die Adventszeit und das bekannte Lied: „O Heiland reiß die Himmel auf" begleitete uns. Manchmal seufzten wir nur: „Herr, gib uns einen offenen Himmel." Jetzt wird dies erneut mein Gebet. „Herr, gib mir einen offenen Himmel."

Jakob kommt mir in den Sinn, der Jakob, von dem in der Bibel berichtet wird. Er hat einen offenen Himmel erlebt. Auf der Flucht vor seinem Bruder blieb ihm nur ein Stein als Nachtlager. In ihm und um ihn herum Nacht. In tiefem Schlaf versunken träumt er und sieht, wie sich der Himmel öffnet und an einer Himmelsleiter die Engel Gottes hinauf- und hinabsteigen. Getröstet, gestärkt kann Jakob seinen Weg weiterziehen. Es gibt eine neue Perspektive.

Himmelsleiter, das ist mein Symbol. Ich werde am Ewigkeitssonntag eine Himmelsleiter auf das Grab von Matthias stellen.

So bin ich in den Wald gegangen und habe Stöcke gesammelt. Dann habe ich aus zwei stabilen langen Hölzern für die beiden Außenteile und einigen kürzeren Stöcken für die Sprossen eine Leiter gebaut. In einen Zwischenraum habe ich einen Stein gehängt, in einen anderen ein Bild mit dem Gemälde: „Jakob und die Himmelsleiter" von Marc Chagall. An der obersten Sprosse habe ich einen Holzstern befestigt. Nach dem Gottesdienst gehen wir als Familie mit einigen Freunden auf den Friedhof und stellen die „Himmelsleiter" auf Matthias' Grab.

Immer, wenn ich in den folgenden Wochen auf den Friedhof kam, sah ich schon von Weitem die Himmelsleiter am Grab. Und jedes Mal hat mich ihr Anblick tief berührt und getröstet. Manchmal hatte ich das Gefühl, der Himmel über mir würde aufgehen und Engel hinabsteigen und mich berühren.

Es gibt Tage im Jahr, die besonders schmerzlich sind. So zum Beispiel Matthias' Geburtstag, sein Todestag, mein eigener Geburtstag, Familienfeiern, das erste Weihnachtsfest, der Jahreswechsel. Gerade an diesen Tagen wird die Lücke besonders schmerzlich spürbar. Ich habe mir immer überlegt, wie ich diese Tage überstehe, und wie ich sie so gestalten kann, wie es mir entspricht. Dieses persönliche Gestalten habe ich als wertvolle Schritte auf meinem Weg der Verarbeitung erlebt. Innehalten, herausspüren, was mir zutiefst entspricht und den eigenen Ausdruck dafür suchen. Das mag für jeden etwas anderes sein.

Am Geburtstag von Matthias habe ich mit den Kindern eine Schale mit kleinen roten Rosen und blühendem Lavendel zum Grab gebracht. Lavendel, der den Hauch des Südens mitbringt. An Weihnachten haben wir ein Licht für ihn entzündet und an seinem ersten Todestag sind wir gemeinsam gewandert.

Jost:

Es gibt wiederkehrende Tage im Jahr, die wühlen besonders auf. Ein Mensch, der sonst immer dabei war, ist nicht mehr da. Oft ist es gut, wenn Angehörige, Freunde den Trauernden an so einem Tag nicht allein lassen und ein Angebot machen. Es gibt allerdings auch Menschen, die wollen unbedingt allein sein, weil sie sich dann mit dem Verstorbenen besonders verbunden fühlen.

Johanna erzählt mir, dass sie am Geburtstag ihres verstorbenen Verlobten eine Party organisiert hat mit Freunden, die ihm nahegestanden hatten. Alle Fußball- und Motorradfreunde, die ihn gekannt hatten, kamen. „Und wie war es für Sie?“, frage ich sie. „Wir haben gelacht und uns ausgetauscht über früher“, antwortet sie. „Irgendwie hatte ich das Gefühl, dass Michael dabei ist. Er hat immer so gerne Freunde eingeladen und gefeiert.“ Johanna tat es gut, dass sie an Michaels erstem Geburtstag nach seinem Tod nicht alleine war. Sie hatte das Gefühl, dass ihr Verlobter mit einbezogen und nicht vergessen war.

Oft haben Hinterbliebene Angst, der Verstorbene könnte vergessen werden. Das erleben sie als Verrat. So kommen sie auf die verschiedensten Ideen, dem entgegenzuwirken.

Auf dem Heimweg vom Schwimmbad wird ein Junge, Björn Steiger, von einem Auto erfasst. Passanten alarmieren sofort Polizei und Rotes Kreuz. Trotzdem dauert es fast eine Stunde, bis der Krankenwagen eintrifft. Björn stirbt nicht an seinen Verletzungen, er stirbt am Schock. Dies geschah im Jahr 1969. Die Eltern gründen später eine Stiftung, die sich für eine flächendeckende Notfallmedizin in Deutschland einsetzt. Die Stiftung gibt es jetzt seit 40 Jahren und sie heißt nach dem damals verstorbenen Sohn Björn-Steiger-Stiftung[6].

Ein anderes Beispiel: Jedes Jahr erscheint eine Anzeige in unserer Zeitung, die an den Tod von Marie erinnert. Sie ist vor zehn Jahren verunglückt, damals war sie elf. Für Außenstehende mag das befremdlich erscheinen. Für Maries Eltern ist es ein Mittel, ihre Tochter nicht zu vergessen und auch andere daran zu erinnern, dass es Marie gegeben hat.

Du begleitest mich in meinem Schmerz

Britta:

Das Telefon klingelt. Ich gehe ran. Inge, eine liebe Freundin, meldet sich: „Ich wollte einfach nur mal reinhören, wie es dir geht." Ich freue mich über die Nähe, die ich spüre. Inge will nicht reinreden, sie will reinhören! Das ist Balsam auf meine Wunden. Sie hat ihr Ohr an meinem Schmerz, sie nimmt ihn wahr und kann ihn aushalten.

Was ich gar nicht gut ertragen kann, ist oberflächlicher Trost. Manche gut gemeinten Worte beispielsweise: Sie gehen an mir vorbei, weil sie mir leichtfertig meinen Schmerz nehmen möchten. Aber über den Schmerz fühle ich mich mit Matthias verbunden und diese Verbindung darf jetzt nicht abreißen. Die Teilnehmerin einer Trauergruppe sprach mir aus der Seele: „Wenn ihr versucht, mir meinen Schmerz zu nehmen, werde ich gleich wieder gehen." Mich hat das damals sehr beeindruckt, wie deutlich sie ihr Bedürfnis ausdrücken konnte.

Eine andere Frau erzählte mir, dass sie nach dem Tod ihres Mannes viel Kondolenzpost erhalten habe. Oft stand dort: Ich wünsche dir viel Kraft. „Mich hat das zunehmend geärgert", sagte sie, „bis ich dann eine Karte erhielt, in der lediglich stand: ‚Wenn du dich jetzt schwach fühlst, dann ist das in Ordnung' – Trauer kann sich so zeigen. Kein Anspruch, wieder stark werden zu müssen. Das hat mir geholfen." Natürlich sind Menschen im Umfeld von Trauernden unsicher, wie sie sich verhalten sollen. Das habe ich auch erlebt. Sie fragen sich: „Wie soll ich Britta begegnen? Ist nicht jedes Wort verkehrt?" Aus lauter Angst, etwas falsch zu machen, ziehen sich einige Menschen dann ganz zurück. Und andere, von denen ich es nicht gedacht hätte, stehen mir mit einem Mal sehr nahe. Der Raum des Schmerzes hat einen äußerst empfindlichen Boden. Schnell fühle ich mich verletzt. Ich muss es auch erst lernen, meine Bedürfnisse wahrzunehmen und sie dann auch zu äußern. Oft weiß ich es selbst nicht, ob ich nun gerade Kontakt und Gespräche suche oder ob ich lieber meine Ruhe und Zeit für mich brauche.

Es bringt nichts, wenn Freunde sagen: Du kannst mich jederzeit anrufen, wenn du Hilfe brauchst. Ich kann nur sagen: Ich selbst hätte niemals angerufen, das geht nicht aus dem Raum des Schmerzes. Konkrete Hilfe, konkrete Angebote – das hat mir geholfen. Ilse z. B. brachte uns öfter ein warmes Essen. Das hat Leib und Seele gutgetan.

Konkrete Hilfe, konkrete Angebote – das hat mir geholfen.

Vier Wochen nach der Beerdigung von Matthias klingelt es an meiner Haustür. Eine Nachbarin steht vor mir und sagt: „Ich möchte dich in eine irische Bar einladen." Ich bin ein wenig irritiert und frage, wie sie darauf käme. Sie sagt: „In Irland kommen die Nachbarn nach einer gewissen Zeit in das Trauerhaus, holen die Trauernden ab und fahren gemeinsam in einen Pub. Dieses Ritual soll helfen, wieder ins Leben zurückzufinden." Ich bin mitgefahren. Mir hat dieser Abend sehr gutgetan.

Jost:

Die Trauer mit dem Betroffenen auszuhalten, ist nicht einfach, aber es ist unendlich wichtig. Es gibt Therapiesitzungen, da höre ich einfach nur zu und halte den Schmerz, die Wut, die Enttäuschungen aus. Aber dann biete ich auch meine Begleitung an: Was brauchen Sie jetzt? Was würde Ihnen in der Situation jetzt guttun? Als Arzt kann ich auch jetzt ganz praktische Hilfen anbieten wie vorübergehende Krankschreibung, Schlafmittel, die Vermittlung sozialer Dienste oder auch mal eine Kur. Darüber hinaus muss es Freunde, Angehörige, Nachbarn geben, die helfen, den Alltag zu regeln.

Die Filmproduzentin Doris Dörrie verlor mit vierzig Jahren ihren Mann. Er war Kameramann in ihrem Team gewesen. In einem Interview der Zeitschrift Chrismon berichtet sie, wie andere Menschen ihr in ihrer Trauer geholfen haben: Nicht indem sie gute Ratschläge gegeben hätten, sondern indem sie für sie da waren, als nichts mehr ging. „Nein", sagt Doris Dörrie, „da funktioniert gar nichts mehr. Es bleibt nur eins: Es einfach auszuhalten. Und das haben wir nicht so gerne, weil wir uns angewöhnt haben, dass es für alles eine Lösung gibt und eine psychotherapeutische Anweisung. Aber auszuhalten, dass man dem Trauernden nicht in seiner Trauer helfen kann, sondern nur begleitend dabei sein kann, das ist schwer für viele ... Das ist das Schlimmste auch für den Trauernden: dass er stillhalten muss."[7]

Freunde sollten einfach in der Nähe sein, rät sie, vorbeigehen, klingeln, auch auf die Gefahr hin, dass der Trauernde sagt: „Jetzt nicht." Oft haben Freunde das Gefühl, der Trauernde brauche jetzt einfach seine Ruhe. Sie schlagen ihm vor anzurufen, wenn er sie brauche. Falsch, meint Doris Dörrie: „Der Trauernde kann nicht anrufen, wenn er was braucht. Nein, man muss immer wieder selbst anrufen, auch hinnehmen, dass der Trauernde sagt: ‚Ich kann jetzt nicht telefonieren', und dann trotzdem wieder anrufen. Trauer ist keine gerade Linie. Und keine Trauer gleicht der anderen."[8]

Trauer ist keine gerade Linie.

„Geh einfach vorbei, einmal, zweimal, dreimal ... Und bring auch was zu essen mit. Trauernde wollen immer gar nichts", ergänzt Angelika von Hatzfeld, Chefredakteurin der Zeitschrift Cosmopolitan, die mit 56 Jahren ihren Mann verloren hat. Wenn das Essen erst mal auf dem Tisch steht, sei man doch dankbar für die praktische Fürsorge. „Ja, es sind oft ganz einfache, kleine Sachen, die helfen", meint Doris Dörrie. „Nur mal um den Block gehen oder auch mal schwimmen. Jede Trauernde möchte instinktiv einfach verschwinden, aber das sollte man ihr nicht erlauben. Sondern immer wieder gucken, was mit derjenigen ist. Es ist natürlich das Einfachste für die anderen, auf diesen dezenten Abstand zu gehen: Die braucht jetzt ihre Ruhe ... Nein, man sollte in der Nähe bleiben."[9]

Trauerblockade – Gefangen im Schmerz

Jost:

„Alles hat seine Zeit", sagt der Prediger im Alten Testament, in Teil 1 der Bibel, „alles Vorhaben unter dem Himmel hat seine Stunde: Geboren werden hat seine Zeit, sterben hat seine Zeit ... weinen hat seine Zeit, lachen hat seine Zeit; klagen hat seine Zeit, tanzen hat seine Zeit" (Prediger 3,1.2+4). So ist es auch mit der Trauer. Sie hat ihre Zeit und sie dauert ihre Zeit. Das ist sehr individuell. Es gibt keine Standardzeiten, die eingehalten werden müssten. Generationen vor uns sprachen von dem Trauerjahr. In dieser Zeit zog man sich schwarze Kleider an und ging auf keine Feier. Erst wenn man alle wiederkehrenden Ereignisse des Jahreszyklus einmal durchlaufen hatte, begann die Rückbesinnung auf den normalen Alltag und die Integration zurück ins Leben.

Aus meiner Erfahrung mit Trauernden muss ich sagen, die Regel des Trauerjahrs ist gar nicht so schlecht. Die wiederkehrenden Ereignisse eines Jahres wie Gedenktage, Geburtstage, Weihnachten müssen erst einmal ohne den geliebten Menschen durchtrauert werden, bevor man die Trauer mit der Zeit ablegen kann. So geht es den meisten, wenn auch vielleicht nicht jedem. Oft kann dieser Prozess auch länger als ein Jahr dauern. Auch das ist normal.

Die wiederkehrenden Ereignisse eines Jahres wie Gedenktage, Geburtstage, Weihnachten müssen erst einmal ohne den geliebten Menschen durchtrauert werden, bevor man die Trauer mit der Zeit ablegen kann.

Aber Trauer ist kein Treten auf der Stelle, Verharren in Starre. Sie ist ein Prozess, auf ein Ziel ausgerichtet: nämlich das Ziel, einen neuen Platz für den verstorbenen Menschen zu finden, um sich dann frei und offen dem Leben wieder zuzuwenden. Kein Mensch muss bis ans Ende seiner Tage trauern. Auch das muss gesagt werden.

Peter hatte eine lebensfrohe Frau, die eines Tages an Krebs erkrankte und relativ rasch innerhalb eines halben Jahres starb. Er pflegte sie zuletzt zu Hause und tat dies mit großer Liebe und Geduld. Nach ihrem Tod fiel er in ein Loch und ging kaum noch aus dem Haus. Ich vermittelte ihn an eine Trauergruppe. Aber auch da ging er nur einmal hin. Anfangs hatten alle Nachbarn und Freunde Mitgefühl mit ihm und halfen, wo sie konnten. Doch die Trauer nahm kein Ende. Seine beiden Töchter mochten den Vater gar nicht mehr besuchen, da er nur jammerte und ihnen Vorwürfe machte, dass sie so selten kämen und zu wenig Anteil nähmen. Es halfen keine Medikamente, keine Gespräche, keine Angebote etwas zu unternehmen. Peter verharrt Jahr um Jahr in seiner Trauer ohne voranzukommen. Wenn man sich mit ihm unterhält, hat man den Eindruck, seine Frau sei erst vor wenigen Wochen gestorben. Aber es sind mittlerweile acht Jahre vergangen.

Hier haben sich Trauerblockaden aufgebaut, die es verhindern, dass Peter sich wieder dem Leben zuwenden kann. Der Schmerz über den Verlust betäubt alles und macht ihn handlungsunfähig. Freunde ziehen sich zunehmend zurück, denn keiner möchte gerne mit einem ungesund lange trauernden und unterschwellig vorwurfsvollen Menschen zu tun haben.

Was ist passiert? Peter ist gefangen in seinem Schmerz. Er bleibt darin stecken. Er verlässt den Raum des Schmerzes nicht. Schmerzen wollen jedoch nicht ausgekostet werden, sondern zielen auf Veränderung und Heilung. Peter könnte sich fragen: Was würde meine Frau jetzt wollen, wie ich leben soll? Und so könnte er sich langsam vortasten, z. B. in den Raum der Erinnerung.

Es geht um den Prozess der Heilung. Wie im Körper. Der schickt nach einer Verwundung Heilungszellen an die kranke Stelle. Nach und nach bildet sich eine Narbe und die Wunde verheilt. Nur wenn wir die Wunde immer wieder aufkratzen, bleibt sie offen. Später erinnert eine mehr oder weniger ausgeprägte Narbe an die alte Wunde. Manchmal, bei Wetterumschlag zum Beispiel, spüren Menschen ihre Narben deutlicher, und mitunter schmerzen sie auch. Aber der tägliche Verbandswechsel ist nach einer Zeit nicht mehr nötig. Jetzt kann ruhig Wasser dran, die Narbe darf geduscht werden, der Körperteil kann wieder genutzt werden und bedarf in der Regel keiner Schonung mehr.

So ist es auch mit der Trauernarbe. Sie ist da. Manchmal tut sie weh, besonders in Zeiten und Situationen, die die Erinnerung an den Verstorbenen in besonderer Weise wachrufen. Aber die Narbe bestimmt nicht mehr unser Leben. Sie ist zu einem Teil von uns geworden, aber sie nimmt uns nicht gefangen.

Besinnung: Eine Anleitung zur Trauerbegleitung (Lukas 24,13-35)

Britta:

Eine Geschichte aus dem Neuen Testament, Teil 2 der Bibel, berührt mich sehr. Sie ist für mich eine wahre Anleitung zur Trauerbegleitung. Kleophas und Kephas, zwei Jünger von Jesus, machen sich auf den Weg von Jerusalem nach Emmaus, ihrem Heimatdorf. Es ist Sonntag, etwa um die Mittagszeit. Staubig ist die Straße und die Sonne brennt vom Himmel. Sie schauen trübe und traurig auf den vor ihnen liegenden Weg. Tiefe Enttäuschung und Verzweiflung zeichnen ihre Gesichtszüge. Vor zwei Tagen starb ihr bester Freund. Heute Morgen berichteten Frauen, die den Leichnam salben wollten, dass er nicht mehr da sei. Haben etwa die verhassten Römer auch noch die sterbliche Hülle des Verstorbenen gestohlen? Dann gibt es nicht einmal mehr einen Ort der Trauer. Die beiden Männer sprechen wenig miteinander. Jeder trägt die Trauer um den verlorenen, gekreuzigten Freund in seinem Herzen. Auf ihn hatten sie große Hoffnungen gesetzt.

- Mit den Jüngern stolpere ich meinen Weg entlang. Trauer drückt mich in die Schuhe. Langsam nur komme ich voran. Der Boden unter mir schwankt. Mir fehlt der Halt. Dennoch gehe ich Schritt für Schritt voran. Ich bin nicht allein. Freunde begleiten mich. Das tut gut.

Da stößt plötzlich ein Fremder zu den beiden Männern. Er begleitet sie und hört zu, was sie berichten.

- Manche Gespräche drehen sich im Kreis, wenn nicht jemand dazukommt. Eine neue Sicht, eine dritte Stimme. Das gibt dem Gespräch die Wende.

Der Fremde nimmt die beiden Freunde wahr, möchte ihre Traurigkeit verstehen und fragt nach: Warum seid ihr so traurig? Sie beginnen zu erzählen. Sie schütten ihr Herz aus. Trauer braucht Raum. Trauer braucht Worte, die den Schmerz beschreiben. Die Jünger erzählen, was sie bewegt, was ihnen wehtut und was sie nicht verstehen können.

- Genauso braucht meine Trauer einen geschützten Ort, damit ich mein Herz ausschütten kann. Ich brauche einen Raum zum Klagen und Weinen, zum Erinnern und Abschied nehmen. Manchmal brauche ich einen Menschen, der einfach nur zuhört. Es entlastet mich, wenn ich meine Geschichte erzählen kann.

Genauso braucht meine Trauer einen geschützten Ort

Der Fremde hört zu, und dann deutet er das Gehörte. Rückt alles, was geschehen ist, ins Licht der Auferstehung. Und für die Jünger fügt sich auf einmal alles zusammen, sie sind im Innersten berührt. „Brannte nicht unser Herz, als er zu uns sprach auf dem Wege?" (Lukas 24,32).

Es wird Abend und die Männer kommen nach Emmaus. Der Fremde will sich verabschieden. Die beiden anderen wollen ihn nicht ziehen lassen. Sie fühlen sich verstanden und wollen das Gespräch fortsetzen. Sie laden den Fremden ein. Er bleibt.

Beim gemeinsamen Abendessen nimmt er das Brot, dankt Gott, bricht das Brot und gibt es den Männern zu essen. In diesem Augenblick fällt es Kleophas und Kephas wie Schuppen von den Augen. Der Fremde, das ist doch Jesus! Ihr Freund, der gestorben ist. Er lebt! Das verändert alles.

Im Augenblick der Erleuchtung, als sie erkennen Jesus lebendig vor sich zu haben, verschwindet Jesus. Er lässt sich nicht festhalten. Aber die Erkenntnis bleibt – und mit ihr eine große Kraft und Energie. Die beiden

Männer machen sich sofort auf den Rückweg nach Jerusalem zu den anderen Jüngern. Sie müssen ihnen einfach von ihrer Begegnung mit dem Auferstandenen erzählen. Noch heute!

Wie kann mein gedrücktes trauriges Herz wieder anfangen für etwas zu brennen? Wie kann ich wieder Freude und Lebensmut bekommen? Werde ich irgendwann eine neue Perspektive für mein Leben finden?

Der auferstandene Christus bricht das Brot mit den Jüngern. Dabei erkennen sie ihn. Brotbrechen, Abendmahl.

Auch ich erlebe in der Feier des Abendmahls eine Stärkung meines Glaubens. Ich schmecke und sehe, wie nah mir Gott kommt. Das tut gut und gibt mir Lebensmut. Mein Herz fängt wieder an zu schlagen für das Leben, für Gott. So ist für mich das Abendmahl ein wichtiges und hilfreiches Ritual, das mir einen Weg weist, wo ich mich orientierungslos fühle.

Anregungen und Tipps

Britta:
Die folgenden praktischen Anregungen können helfen, im Raum des Schmerzes angemessen Abschied zu nehmen und den Schmerz konstruktiv sein zu lassen – für das Leben und die Zukunft.

Der erste Abschied

Ich habe die Stunden direkt nach Matthias' Tod, in denen wir ihn noch in unserer Mitte haben durften, sehr intensiv erlebt und bin dankbar, dass uns Zeit blieb, zu Hause in den vertrauten vier Wänden Abschied zu nehmen.

- Nehmen Sie sich Zeit für den ersten Abschied. Nehmen Sie bewusst Abschied vom Körper des Verstorbenen. Sprechen Sie mit dem Menschen, der Ihnen so nahestand, berühren Sie den Körper, wenn Sie das Bedürfnis danach haben.
- Es gibt die Möglichkeit, einen Verstorbenen im eigenen Haus noch

einmal aufzubahren, auch wenn er im Krankenhaus verstorben ist. Sprechen Sie mit dem Beerdigungsinstitut darüber.

- Manche Trauernde schreiben in aller Ruhe einen Brief an den Verstorbenen und geben ihn bei der Beerdigung mit ins Grab.
- Suchen Sie sich einen Menschen, der Ihnen zuhört, dem sie die letzten Eindrücke des Sterbens erzählen können.
- Überhören Sie leichtfertigen Trost. Es ist nicht leicht, als Tröstende die richtigen Worte zu finden.

Bronzeengel

Eine Freundin hat mir einen Engel geschenkt. Es ist ein vielleicht sechs Zentimeter großer Bronzeengel mit einem Psalm auf einer Spruchkarte.[10]

Ich habe den Engel oft in die Hand genommen und Psalm 91 laut gelesen:

„Wer unter dem Schirm des Höchsten sitzt
und unter dem Schatten des Allmächtigen bleibt,
der spricht zu dem Herrn:
Meine Zuversicht und meine Burg,
mein Gott, auf den ich hoffe."

Selbstfürsorge des Trauernden

Ich kann es nur bestätigen: Trauer ist eine äußerst belastende Ausnahmesituation für den Körper. Sie ist hochgradiger Stress, der Auswirkungen auf das gesamte Immunsystem hat. Mir haben diese kleinen Dinge gutgetan:

- Viel Wasser oder Kräutertee trinken. Dazu kann man sich morgens einen ganzen Krug mit frischem Wasser füllen, einige Zitronenscheiben dazutun und in den Kühlschrank stellen. Leeren Sie den Krug bis zum Abend. Mir sagte eine Ärztin: „Achten Sie auf Ihre Nieren, sie sind das Trauerorgan!
- Ein warmes Kirschkernkissen oder ein Dinkelkissen im Nacken löst die Spannungen. Oder gönnen Sie sich eine Nackenmassage.
- Sie brauchen ausreichend Ruhe und Zeit für sich allein.

- Körperliche Bewegung gibt ihnen wieder Energie, kann aber auch eine besondere Zeit sein, in der Sie ungestört nachdenken können. Achten Sie dabei darauf, dass Sie sich nicht zu viel zumuten.
- Nehmen Sie getrost Unterstützung an, wenn es um die Erledigung ganz praktischer Dinge geht.
- Für viele Menschen ist der Körperkontakt mit anderen Menschen heilend und trostbringend. Eine menschliche Berührung verändert viel. Halten Sie sich offen für heilende Berührungen.
- Trauer ist eine ermüdende Arbeit. Versuchen Sie ausreichend zu schlafen. Sollten Sie Schwierigkeiten damit haben, dann versuchen Sie ein entspannendes Ritual vor dem Einschlafen zu entwickeln, z. B. ein warmes Fußbad. Sprechen Sie einen Abendsegen. Hören Sie zum Tagesabschluss schöne entspannende Musik.

Anregungen für Wegbegleiter eines Trauernden

Begleiten Sie gerade einen Menschen, der in Trauer ist, dann können diese kleinen Tipps eine Unterstützung sein:

- Stehen Sie für Besorgungen, Einkäufe und Laufwege bereit. Mir brachte eine liebe Freundin einfach einen Korb voller Lebensmittel. Sie wusste, dass gerade die körperliche Versorgung ganz wichtig sein kann.
- Unterstützen Sie die Wege, die jetzt auch im Zusammenhang mit der Beerdigung gegangen werden müssen.
- Zeigen Sie, dass der Trauernde nicht allein ist, ohne ihn dabei zu entmündigen.
- Bieten Sie Ihre Hilfe konkret und jetzt an. Das Angebot: „Wenn du mich brauchst, dann melde dich“, wird oft nicht wahrgenommen. Der Trauernde weiß selbst nicht, wann und wo er Unterstützung braucht. Sagen Sie eher konkret: „Ich bringe morgen eine Suppe vorbei.“ Oder: „Ich begleite dich gern, wenn du Trauerkleidung kaufst. Wann gehst du?“

Ein Schal um meine Schulter

Ich habe einen gefilzten, wunderbar warmen und farblich sehr schönen Schal aus Schottland. Diesen Schal habe ich zu meinem „Trauerschal" erklärt und ihn mir bewusst um die Schulter gelegt, wenn der Nacken mir wieder mal Probleme machte oder ich das Bedürfnis nach Wärme und Trost in mir spürte.

- Suchen Sie sich einen Schal, der ihnen gut gefällt, der Sie wärmt, und nennen Sie ihn ab jetzt *mein Trauerschal.*
- Wenn Sie intensive Momente der Trauer empfinden, dann nehmen Sie Ihren „Trauerschal" und legen Sie ihn sich behutsam um die Schultern.

Letzte Worte – einen Brief schreiben

Ich weiß, dass meine Tochter einen letzten Brief an ihren Papa geschrieben und ihn mit ins Grab gegeben hat. Vielleicht ist das eine Anregung für Sie:

Schreiben Sie einen Brief an die verstorbene Person, in dem Sie erzählen, wie es Ihnen jetzt gerade geht:

- „Für mich ist es heute so unendlich schwer, dass …"
- „Ich vermisse am meisten …"
- „Ich wollte so gerne von dir wissen, ob …"
- „Ich werde mich erinnern an …"

Ich spüre wieder Boden

Ich hatte oft das Gefühl, als sei mir der Boden unter den Füßen weggerissen worden. Dann habe ich mich ganz bewusst auf den Boden gestellt. Dabei hat sich das Gefühl, inneren und äußeren Halt zu bekommen, wieder eingestellt. Sehr gut fand und finde ich folgende Übung morgens nach dem Aufstehen, als ersten sicheren Schritt in den neuen Tag. In einem Urlaub habe ich sie gerne am Strand im weichen Sand gemacht. Sonst einfach zu Hause. Das hat mir sehr gutgetan.

- Suchen Sie sich einen Platz in Ihrer Wohnung, wo Sie ungestört sind. Wenn möglich öffnen Sie dazu das Fenster und lassen frische Luft hinein. Bei schönem Wetter können Sie die Übung auch im Freien machen. Ziehen Sie Ihre Schuhe aus und gehen Sie barfuß oder auf Socken, dadurch können Sie den Boden besser spüren.
- Ich stelle mich aufrecht hin, die Beine etwas auseinander. Die Knie sind locker, etwas gebeugt und meine Schultern aufrecht.
- Dabei atme ich ruhig weiter.
- Ich spüre, wie meine Füße den Boden berühren. Sie tragen das Gewicht meines Körpers. Liegt es eher auf den Fußballen oder auf den Fersen?
- Wie fühlen sich die Füße an? Sind sie kalt oder warm? Gibt es Stellen, die mich schmerzen?
- Vorsichtig gehe ich ein paar Schritte. Erst langsam tastend, dann etwas zügiger. Ich versuche verschiedene Gangarten: schleichen, hüpfen, fest auftreten, leichtfüßig tanzend, schlurfen, schlendern.
- Ich spüre, wie sich bei jedem Schritt der Fuß vom Boden löst und wieder neu den Boden findet.
- Nun versuche ich auf Zehenspitzen zu gehen, dann nur auf den Fußballen, dann auf der Innenseite.
- Ich suche wieder festen Stand und werde noch einmal ruhig und ganz schwer.
- Ich denke an alles Schwere, was auf meiner Seele liegt.
- Ich stelle mir vor, dass ich die Lasten dem Boden abgebe. Durch meine Fußsohlen fließen sie ab.

Raum der Erinnerung – Die Kraft der Erinnerung

Britta:

„Ich kann mich an nichts mehr erinnern. Die Augen, die Stirn, sein Gesicht, seine Gestik und Mimik, sein Lachen fallen mir nicht ein. Auch der Klang der Stimme kommt mir nicht ins Ohr", klage ich meiner Therapeutin. Ich bin völlig verzweifelt und fürchte, meinen Mann ein zweites Mal zu verlieren. Eine schockierende Entdeckung. Sie beruhigt mich, indem sie sagt: „Nichts geht verloren, was Sie erlebt haben. Vertrauen Sie darauf. Es kommt die Zeit für die Erinnerung. Haben Sie Geduld."

Nichts geht verloren, was Sie erlebt haben

Jetzt ist die Zeit wohl da. Die vielen Bücher von Matthias. Wohin mit ihnen? Wir müssen das Pfarrhaus verlassen, das steht fest. Ich suche eine Wohnung, und damit werden wir uns verkleinern. Da bleibt lange nicht so viel Platz. Also: aussortieren, wegwerfen, weitergeben, verschenken. Die vielen theologischen Standardwerke wird Schwiegersohn Markus für sein Theologiestudium brauchen und die Filmchronik wird unsere Lena bekommen. Sie liebt Filme genau wie ihr Papa. Die Reihe mit den Woody-Allen-Büchern will ich behalten. Gleich daneben die Videos und DVDs mit Woody Allens Filmen. Das war immer sehr schön und war im Lauf der Jahre zur Tradition geworden: Im Herbst, wenn wieder ein neuer Woody-Allen-Film rauskam, waren wir die ersten im Kino. Keinen haben wir verpasst. „Manhattan" war unser erklärter Lieblingsfilm, mit den fantastischen Bildern von New York, den brillanten intellektuellen Dialogen und der verzweifelten Suche nach Sinn.

Und plötzlich sitze ich wieder im Kino; auf der Leinwand Woody Allen im Gespräch mit Diane Keaton an der Brooklyn Bridge, neben mir Matthias. Wir sind beieinander und schauen diesen Film. Und dann der brutale Schnitt, der Cut. Es tut so weh aus, diesem Film wieder aufzutauchen und mich im Wohnzimmer wiederzufinden, die DVD in der Hand.

Jetzt bin ich im Raum der Erinnerung angekommen. Die Erfahrungen in diesem Raum lassen sich beschreiben als ein Suchen, Finden und Sichtrennen. So beschreibt es auch Verena Kast: „Dieses Suchen – Finden – Trennen erlaubt es, sich mit dem Partner auseinanderzusetzen, etwas in sich zu entdecken, was mit dem verstorbenen Menschen zusammenhängt, und dennoch zu spüren, dass mit den alten Lebensumständen nicht mehr zu rechnen ist, dass das eigene Welt- und Selbstverständnis umgebaut werden muss.“[11]

Ich kann mir kaum vorstellen, mit der Erinnerung zu leben. Wie kann ich sie lebendig halten, ohne daran zu zerbrechen? Ich möchte meine Erinnerungen nicht einfach „konservieren“. Wie kann ich es schaffen, den Raum der Erinnerung zu beleben? Das herauszufinden scheint mir jetzt die Aufgabe zu sein.

Erinnerung bewahren

Britta:
Ich bin auf der Suche nach Spuren, die unser gemeinsames Leben ausmachten, entdecke Fäden, die mich mit Matthias verbinden.

Seine begeisterten Ausrufe, wenn wir wieder mal mit dem Fahrrad unterwegs waren und sich ein atemberaubender Blick, z. B. auf die Alpen, eröffnete. Nie mehr werde ich seine Vitalität und Lebendigkeit erleben. Nie mehr werden wir nebeneinander wandern, im Café sitzen und uns über den letzten Kinobesuch austauschen. Nie mehr seine Haut, seinen Atem spüren. Wie kann ich das aushalten? Wird sich mein Leben nun in der Erinnerung abspielen?

Ich ahne, dass das Wandern durch die Erinnerung auch gefährlich werden kann, wenn es mich in Abgründe treibt, wenn die Wunde zu sehr schmerzt. Deshalb wünsche ich mir, mein eigenes Tempo, den eigenen Rhythmus zu finden und achtsam mit mir zu sein.

Eines steht fest: Das Wandern durch die Erinnerung kostet viel Kraft und Energie. Das spüre ich zunehmend. Mir fallen alte Briefe in die Hand, ich bleibe an den Worten hängen, auf der Suche unser gemeinsames Leben neu zu begreifen. Was hat uns bewegt? Wie haben wir uns wahrgenommen? Welche Krisen haben wir durchgestanden? Manchmal suche ich ganz bewusst alte, vertraute Orte auf, um mich zu erinnern und mich Matthias nahe zu fühlen. Und immer ist es ein Abschiednehmen. War es im Raum des Schmerzes vor allem die Kraft des Schmerzes, so ist es nun die Kraft der Erinnerung, die mich Verbundenheit spüren lässt.

War es im Raum des Schmerzes vor allem die Kraft des Schmerzes, so ist es nun die Kraft der Erinnerung, die mich Verbundenheit spüren lässt.

Dabei leuchten nicht nur die hellen und schönen Momente auf. Ich erinnere mich auch an die schwierigen Zeiten, ich sehe die Seiten, die mir Mühe machten in unserem Zusammenleben, wo wir aneinander gelitten haben. Kränkungen, Verletzungen und Enttäuschungen. Auch diese Seiten gehören in den Raum der Erinnerung, sie gehören nun auch zu mir. Die Versuchung ist groß, ein ideales Bild vom verstorbenen Menschen zu bewahren. Doch ich merke im Laufe der Zeit, dass diese idealen Bilder leblos und starr werden. Stelle ich Matthias nämlich auf einen Podest und idealisiere ihn, kann ich mich selbst nur klein und unzureichend empfinden. Mit der Idealisierung geht ein Prozess der Selbstabwertung einher, der keinem guttut.

Die Aufgabe im Raum der Erinnerung ist es also, den ganzen Menschen mit allen Ecken und Kanten wahrzunehmen. Ich bewahre gemeinsames Leben und nehme Abschied von nicht verwirklichten Möglichkeiten. Alles, was wir uns noch erträumt haben und nun nicht mehr realisiert werden kann, davon muss ich mich verabschieden. Unsere Reise zu zweit nach Schottland im Sommer 2005 sollte der Beginn einer neuen Lebensphase werden. Die Kinder waren nun selbstständig. Die Zeit der Familienurlaube war wohl vorbei. Nun konnten wir frei für uns entscheiden, wohin wir fahren wollten. Wir hatten uns für Schottland entschieden. Es war unsere letzte gemeinsame Reise. Auch die nicht gelebten Vorsätze, vergeudete Zeit, verpasste Chancen muss ich betrauern.

Jede Erinnerung braucht ihre Aufmerksamkeit, ihren Platz, sie lässt mich die Endgültigkeit spüren und führt mich zu einem tiefen inneren Abschied und Loslassen. Darin will ich nicht gestört werden.

Stört die Trauer nicht

Stört die Trauer nicht
Sie muss den Weg
nach innen gehen

durchschreiten
Raum um Raum

Weinen, klagen
Suchen, finden
stille stehen

Innigstes berühren
und Abschied nehmen

Stört die Trauer nicht
Sie wird den Weg
zu Ende gehen.

Jost:
Den Verstorbenen zu idealisieren und seine Ecken und Kanten auszublenden, ist immer eine Gefahr im Raum der Erinnerung. Idealisierung blockiert auch die Energie der Lebenden. Besser ist es, auch darüber zu reden, was der Verstorbene nicht so gut konnte und womit man es schwer hatte. Denn jeder Mensch hat starke und schwache Seiten.

Besonders Geschwisterkinder können darunter leiden, wenn Eltern den verstorbenen Bruder oder die verstorbene Schwester idealisieren. Die überlebenden Kinder fühlen sich vernachlässigt, unbedeutend, wenig gewürdigt. Manchmal wünschen sie sich sogar, an deren Stelle tot zu sein.

Willi hat seinen älteren Bruder früh im Krieg verloren. Dabei hatten die Eltern alle Hoffnung auf diesen Bruder gesetzt. Er war intelligent, lebensfroh und hatte einen guten Schulabschluss gemacht. Er sollte mal studieren und den Betrieb des Vaters übernehmen. Willi war der jüngere und verspieltere von beiden Söhnen. In der Schule kam er an die Leistungen seines Bruders bei Weitem nicht heran. Der Vater sagte ihm oft: „Aus dir wird nichts. Du bist zu blöd, zu faul und hast nur Flausen im Kopf."

Während der ältere Bruder aufs Gymnasium geschickt wurde, blieb Willi auf der Volksschule und machte dort einen mäßig guten Abschluss. In den letzten Kriegstagen starb sein Bruder an der Ostfront. Die Eltern waren untröstlich. Willi begann nach dem Krieg eine Lehre als Kaufmann. Er wollte seinen Eltern zeigen, dass auch er etwas leisten konnte und nicht „zu blöd" war. Er strengte sich an und machte schließlich den besten Abschluss seines Jahrganges. Dann trat er eine Stelle bei einer großen Lebensmittelfirma an, stieg dort rasch auf und leitete schließlich die Abteilung für ausländische Geschäftsbeziehungen. Obwohl er kein Englisch gelernt hatte, fuhr er ins europäische Ausland, verhandelte mit seinen Geschäftspartnern und brachte lukrative Abschlüsse nach Hause. Schließlich wurde er die rechte Hand des Konzernchefs.

Eines Tages, als er wieder einmal seine Eltern besuchte, fragte er sie: „Und, seid ihr jetzt mit mir zufrieden?" Doch zu seiner Enttäuschung fiel die Antwort der Eltern verhalten aus. Immer noch zogen sie den Vergleich mit seinem „intelligenteren" verstorbenen Bruder. Und dabei schnitt Willi einfach schlechter ab. So hatte er das Gefühl, es dem Vater einfach nicht recht machen zu können. Selbstzweifel bedrückten ihn. Versagensangst und die Vorstellung nicht gut genug zu sein, quälten ihn jahrelang, bis er schließlich Hilfe in einer psychotherapeutischen Beratung suchte.

Trauerarbeit ist Erinnerungsarbeit

Britta:

Mitten im Chaos unseres Umzugs fällt mir plötzlich ein Brief in die Hand. Matthias hat mir diesen Liebesbrief vor vielen Jahren geschrieben, als wir noch nicht verheiratet waren. Und dann stehe ich da und die Tränen laufen wieder. Es tut weh und dennoch bin ich unendlich dankbar über diesen Brief und die vielen anderen, die wir uns geschrieben haben.

Es gibt auch einige Erinnerungsstücke, die einen ganz besonderen Platz bekommen. Dazu gehört das orangefarbene Mountainbike. Ab und zu nehme ich es und fahre den Vulkanradweg entlang, unsere geliebte Strecke im Vogelsberg. Wenn ich so in die Pedale trete, fühle ich mich Matthias besonders nah.

Mit jedem Erinnerungsstück füllt sich der Raum der Erinnerung. Die ausgetretenen Wanderschuhe ohne jegliches Profil an den Sohlen gehören zu den Dingen, die ich aufhebe. Ich denke an die vielen Bergwanderungen in den Alpen: Immer hat Matthias diese uralten Schuhe getragen. „Sie sind aus Leder und handgenäht", so hat er sie verteidigt gegen meinen Appell, sich doch endlich von ihnen zu trennen und ein paar ordentliche Wanderschuhe zu kaufen. Eigenarten von Matthias, an denen ich mich manchmal sehr gerieben habe, die aber unverwechselbar zu ihm gehörten. Gerade diese kleinen Dinge vermisse ich sehr.

Viele kostbare Momente halte ich fest, lerne aber auch dunkle loszulassen. So fülle ich die Schatzkammern meiner Erinnerung. Der Psychoanalytiker Viktor E. Frankl sagt: „Für gewöhnlich sieht der Mensch nur das Stoppelfeld der Vergänglichkeit; was er übersieht, sind die vollen Scheunen der Vergangenheit. Im Vergangensein ist nämlich nichts unwiederbringlich verloren, vielmehr ist alles unverlierbar geborgen."[12]

Für gewöhnlich sieht der Mensch nur das Stoppelfeld der Vergänglichkeit; was er übersieht, sind die vollen Scheunen der Vergangenheit.

Aus der Fülle meiner Erinnerungen, aus all den Spuren, die ich finde, wächst mehr und mehr das Bild von Matthias' Person, das für mich stimmig ist und das ich in mir bewahren will.

Erinnerungsarbeit ist Arbeit an der verletzten Seele. Hermann Hesse hat es einmal sehr schön ausgedrückt:

„Schmerz und Klage sind unsere erste, natürliche Antwort auf den Verlust eines geliebten Menschen. Sie helfen uns durch die erste Trauer und Not. Sie genügen aber nicht, um uns mit dem Toten zu verbinden … dies geschieht durch Gedenken, durch genaueste Erinnerung, durch Wiederaufbau des geliebten Wesens in unserem Inneren. Vermögen wir dies, dann geht der Tote weiter neben uns, sein Bild ist gerettet und hilft uns, den Schmerz fruchtbar zu machen."[13]

Jost:

Trauerarbeit ist Erinnerungsarbeit[14]. Sigmund Freud nennt sie die „nachholende Träne“[15] des Verlustschmerzes, der die Seele so tief verletzt hat, dass eine Orientierung in der neuen Situation zunächst sehr schwer fällt. Das gilt im Globalen, wenn ein Volk trauert, und ebenso im Individuellen, wenn ich um einen einzelnen Menschen trauere.

Trauerarbeit ist Erinnerungsarbeit

Die aktive Erinnerung an den Verstorbenen hilft, den Schmerz der ersten Trauer zu überwinden. Da kann es entlasten zu weinen, bis die Seele bereit ist, die von Tränen verschwommenen unscharfen Bilder von früher aufsteigen zu lassen. Die Erinnerung bleibt, und sie wirkt durch die Bilder, die unsere Seele abgespeichert hat. Diese Bilder können wir jederzeit abrufen und die angenehmen Gefühle, die mit ihnen verbunden sind, auch über den Tod hinaus spüren.

Anna, die einmal in meine psychotherapeutische Sprechstunde kam, berichtet sehr eindrücklich, wie sie aus ihrem Schmerz heraus erste Schritte der Erinnerungsarbeit tut und ihren Geliebten dabei nicht nur in der Seele lebendig werden lässt, sondern auch körperlich die Verbundenheit spürt.

Anna hatte einen unerwarteten Anruf der Polizeistation bekommen. Ihr Verlobter sei bei einem Motorradunfall schwer verletzt worden und liege jetzt in der Universitätsklinik. Sechs Wochen bangt sie um ihn, besucht ihn täglich auf der Intensivstation. Doch alle ärztlichen Bemühungen bringen nicht den erwünschten Erfolg. Er stirbt nach sechs Wochen, ohne das Bewusstsein wiedererlangt zu haben. Anna ist wie betäubt. Weiß nicht, wie sie ohne ihn weiterleben kann. Der Schmerz überflutet sie. Sie sucht sich psychotherapeutische Hilfe.

In der ersten Zeit nach dem Tod eines geliebten Menschen halten wir uns nur im Raum des Schmerzes auf. Es fällt schwer, die Realität zu akzeptieren. Immer wieder hat Anna in ihrer Wohnung das Gefühl, gleich komme ihr Freund um die Ecke.

Nach einigen Wochen geht sie zaghafte Schritte in den Raum der Erinnerung. Sie wolle jetzt ein Fotoalbum der gemeinsamen Zeit zusammenstellen, sagt sie. In einer Ecke der Wohnung hängt sie außerdem Fotos auf. Das ist ihre Ecke der Erinnerung. Dann macht sie sich dran, den Kleiderschrank aufzuräumen. Dabei spürt sie, wie schwer es ihr fällt, Kleidungsstücke ihres Verlobten einfach wegzuwerfen. Da kommt ihr eine Idee. Die Fan-T-Shirts von Schalke schenkt sie dem Patensohn ihres Verlobten. Die Patenschaft übernimmt sie stellvertretend. Andere Kleidungsstücke gibt sie in die Kleiderkammer der Diakonie. Da können sie für bedürftige Menschen noch einen guten Dienst leisten. Das Lieblings-T-Shirt ihres Freundes zieht sie als Nachthemd an. Damit fühlt sie sich ihm sehr innig verbunden.

Welche Bilder der Erinnerung zuerst aufsteigen, hängt davon ab, unter welchen Umständen der Verstorbene aus dem Leben gegangen ist. Ist dem Tod eine lange Krankheitszeit mit körperlichem Verfall und seelischen Veränderungen vorausgegangen, dann können diese letzten Bilder alle Erinnerungen an gute Zeiten überlagern. Die belastenden Gedanken und Gefühle der letzten Zeit nehmen so viel Raum im Bewusstsein ein, dass für die Bilder aus zurückliegenden Zeiten kaum Platz ist. Sie sind weggedrängt, wie abgeschnitten oder ausgelöscht, und wir fragen uns, wie das nur möglich sein kann. Es braucht dann Zeit, um an die früheren schönen Erinnerungen anzuknüpfen.

Fotos sind dabei oft eine Unterstützung. Doch manche Menschen brauchen Zeit, bis ihre Seele für diese Bilder bereit ist. Das Betrachten könnte einen tiefen unerträglichen Schmerz auslösen, der anfangs vielleicht noch nicht ausgehalten werden kann. Anderen wiederum sind von Beginn an Bilder, Fotos eine Hilfe und schenken Trost.

Besondere Orte aufsuchen

Britta:

Ich habe oft das Bedürfnis, auf Wegen zu gehen, die wir zusammen gewandert sind. Ich suche sie bewusst auf: in der nächsten Umgebung, im Taunus, im Vogelsberg, im Spessart. Ich bin auch an einen besonderen Urlaubsort im Tessin gereist. Das habe ich mit meiner Freundin Anse gemacht.

Im Herbst 2008 haben wir uns in Rasa einquartiert, einem Bergdorf, das nur mit der Seilbahn zu erreichen ist. Rasa ist eine Perle, ein Kleinod in der Bergwelt des Tessins. Der Himmel ist so klar, bei unseren Wanderungen genießen wir die strahlenden goldenen Oktobertage. Abends versinkt die Sonne hinter der Bergkette des Centovalli. Ein warmes, rotes Licht liegt noch auf den Bergen. Ein unbeschreiblicher Moment.

Diesen Blick habe ich vor Jahren mit Matthias geteilt. Wir hatten hier einen wunderschönen Urlaub verbracht. Nun steht alles wieder vor meinem inneren Auge. Anse sagt: „Es ist so schön und so schwer und immer geht die Sehnsucht mit." Wir beide teilen nun diesen Blick und wir teilen unseren Schmerz um unsere Partner. Anse hat ihren Mann Johannes drei Jahre zuvor verloren.

Auch wenn Trauer und Sehnsucht mitgehen, suche ich gerne solche gemeinsamen Orte auf. Ich weiß dann: Hier waren wir gemeinsam, diesen Blick teile ich mit Matthias, hier waren wir glücklich.

Ich kann es aber auch verstehen, wenn es für manche Trauernde nicht möglich ist, an solche Orte zurückzukehren, weil der Schmerz zu stark ist. Dann pendelt man noch zwischen dem Raum des Schmerzes und dem Raum der Erinnerung hin und her und erträgt nur behutsame Konfrontation mit der gemeinsamen Vergangenheit. Denn Erinnerungen erfordern Abschied nehmen und rufen Trennungsschmerz hervor. Und das kostet seelische Kraft.

Heute ist ein wunderschöner Sommertag. Ich möchte mit dem Fahrrad durchs Krebsbachtal in der Wetterau radeln. Diese Strecke bin ich gerne mit Matthias gefahren, sie gehörte zu unseren Lieblingstouren, so nah an unserem Wohnort und wunderschön. Ich nehme das orangefarbene Mountainbike von Matthias: Wenn ich auf seinem Rad unterwegs bin, fühle ich mich ihm besonders nahe. Und wenn ich dann in die Pedale trete, spüre ich, dass der Boden mich trägt und meine eigene Körperkraft mich vorwärtsbringt, und manchmal denke ich: Es muss eben alles „erfahren" werden: jede innere Wegstrecke, jede Höhe und Tiefe, jeder Kummer und jede Freude. Ich will tapfer in die Pedale treten und niemand soll mich jetzt aufhalten oder antreiben. Je länger ich unterwegs bin und je mehr Wegstrecke ich geradelt bin, desto mehr fühle ich, dass ich wieder Boden gewinne. Ich spüre, dass ich auf den Wegen durch die Erinnerung wieder einen Schritt weiter bin, hin zur inneren Heilung und zu einer neuen Ganzheit. Der Wind tut mir nicht mehr weh, wenn er mein Gesicht streift. Es kann jetzt doch Frühling werden.

Besonders die schönen Erfahrungen in der Natur verbinden mich mit Matthias. Er liebte sie so sehr, und alles, was er liebte, sehe ich auch mit Liebe zu ihm an. Ja, er kommt mir im Wind entgegen. Ein Gefühl von Dankbarkeit steigt in mir auf für die Wege, die wir zusammen zurückgelegt haben.

Wie schön, dass heute Patrizia und Michael, liebe Freunde aus unserem Wohnort, die Tour mit mir machen. Auf einem Stück durch den Wald biegen wir plötzlich vom Weg ab, schieben die Räder eine Steigung hinauf. Michael sagt: „Ich habe eine Überraschung. Ich will dir was zeigen."

Ich bin gespannt und lasse mich gerne auf diesen Umweg ein. Wir kommen aus dem Wald. Vor uns öffnet sich ein weiter Blick über Felder in die Wetterau hinein, bis am Horizont die Höhenzüge des Taunus zu erkennen sind. Wir können bis Frankfurt sehen. Mein Wohnort liegt uns zu Füßen.

Wir schieben die Räder den Feldweg entlang, bis wir an einer dicken, alten Eiche stehen bleiben, davor eine zerfallene Bank aus Holz.

„Dies ist mein Lieblingsort", sagt Michael, „das ist mein Gebetsbaum. Als Matthias so krank war, bin ich oft mit dem Fahrrad hierher gefahren und habe dafür gebetet, dass er geheilt wird."

Und dann sehe ich Bibelverse an den Baum gepinnt und auch den Liedtext von dem Lied: Ich will leben wie ein Baum. Matthias hat es geschrieben.

Ich will leben wie ein Baum,
Festgewurzelt auf der Erde stehn,
Die Arme in den Himmel gestreckt.
Werden, wachsen und dann sehn,
Wie mein Blätterdach ein Stück
Meiner Welt bedeckt.

Ich will sterben wie ein Baum,
Alt und reif und lebenssatt,
Zurückkehrn in den großen Raum,
Woher die Kraft mir kam
Mein Leben lang bis in jedes Blatt.

Refrain:
Ist das wieder nur ein Traum
Von einem sogenannten schönen Tod?
Nein, Herr, auf dein Wort kann ich baun.
Denn Sterben ist bei dir
Wie Gehen in ein neues Morgenrot.

Matthias Laubvogel

Ich bin tief bewegt und dankbar, dass meine geliebte Radstrecke einen „Gebetsbaum“ und eine „Gebetsbank“ durch meine Freunde erhalten hat.

Seitdem ist dieser Ort für mich noch wertvoller geworden. Zwar ist die alte Bank inzwischen von der Stadt durch eine neue stabile Holzbank ersetzt worden. Aber der Platz hat für mich nichts von seinem Zauber verloren, ein Ort der Stille, der Ruhe, des Gebets. Hier fühle ich mich Matthias in besondere Weise nahe und verbunden. Bis heute radele ich oft hierher.

Erinnerungen teilen

Britta:

Mitunter habe ich bei meinen Freunden Verunsicherung gespürt: Sollen sie an Erinnerungen rühren oder ruft das Reden über alte Zeiten zu viel Schmerz hervor? Sie vermeiden dann dies Thema, aus Angst, etwas Falsches zu sagen oder mir wehzutun.

Sicher, der Schmerz ist immer da, aber meine Erfahrung ist, dass es mir guttut, mit Freunden Erinnerungen auszutauschen. Wenn sie darüber sprechen, was sie mit Matthias erlebt haben, was er gedacht, gefühlt und empfunden hat, dann werde ich dankbar. Er bekommt einen Platz in unserem Miteinander. Totschweigen, ausklammern, das wäre für mich schrecklich. Zu wissen, dass er auch in der Erinnerung meiner Freunde weiterlebt, empfinde ich als sehr tröstlich.

Zu wissen, dass er auch in der Erinnerung meiner Freunde weiterlebt, empfinde ich als sehr tröstlich.

So gehören die Besuche bei Christofs Familie zu den kostbaren Perlen meiner Erinnerungsarbeit. Uns verbindet eine jahrelange, tiefe Freundschaft. Heute tragen unsere beiden Familien eine schwere Last: Ich trauere um den Verlust von Matthias. Christofs Familie ist durch die Folgen einer Hirnblutung, die Bettina während der Geburt ihres fünften Kindes erlitt, schwer belastet.

Manchmal wenn wir zusammen sind, tauchen Erinnerungen an alte Zeiten auf, als wir unbekümmert und fröhlich mit unseren Kindern in Italien waren. Wir reisen zurück in die Jahre, als unsere Welt noch „in Ordnung" war und wir unversehrt als Familien zusammenlebten. Ich empfinde es als heilsam, für Momente dort zu sein, auch wenn die Rückkehr ins Hier und Jetzt schwerfällt. Dennoch nehme ich immer ein Stück Gemeinsamkeit mit und die Gewissheit, dass das Band der Freundschaft trägt.

An deiner Stelle

Britta:

Matthias war nicht nur Pfarrer, sondern auch leidenschaftlicher Liedermacher. Für ihn kam nach der Theologie gleich die Musik. Er hat Lebens- und Glaubenserfahrungen in Worten und Melodien verarbeitet und die Bühne auch als einen Ort der Verkündigung verstanden. Wenn der Beruf es ermöglichte, gab er hin und wieder Konzerte.

Sein großer Wunsch war es, seine letzten noch nicht veröffentlichten Lieder als CD zu produzieren. Den Gesang hatte er bereits im Studio aufgenommen, es fehlte noch die instrumentale Begleitung.

Nach seinem Tod waren wir uns als Familie darin einig, dass wir diesen Wunsch stellvertretend für ihn erfüllen und die CD fertigstellen wollten. Freunde und unsere Kinder arbeiteten gemeinsam daran. Um das Layout und Booklet hat sich unser künstlerisch begabter Freund Christof gekümmert. Auf dem Cover ist eins seiner Werke abgebildet. Es zeigt einen Schmetterling vor dem breiten Holzrahmen eines Fensters. Nur ein kleiner, winziger Spalt steht ihm offen zum Flug. Durch das ganze Booklet zieht sich der Schmetterling als Symbol in Erinnerung an Matthias' Lied: „Ich bin 'ne Raupe mit Schmetterlingsflügeln" (siehe S. 9).

Viele Menschen haben diese CD[16] mittlerweile bekommen. Es war ein großes Stück Trauerarbeit, in die wir alle unsere Liebe zu ihm hineingelegt haben. Unser Bedürfnis, Unvollendetes an seiner Stelle zum Abschluss zu bringen, konnten wir hier verwirklichen. Das hat allen sehr gutgetan. Wir besitzen jetzt seine Lieder und hüten sie wie ein Vermächtnis. Ich freue mich, dass sie weiterklingen, dass sie Menschen berühren, und ich fühle mich reich beschenkt, wenn mir Menschen das mitteilen. So lebt ein Teil von Matthias weiter.

Eine Wanderung werde ich auch niemals vergessen. Es war Anfang März 2006 und noch immer lag eine dichte Schneedecke über den Höhen des Taunus. Eines Abends klingelt das Telefon: „Britta, kommst du mit?", fragte mich Michael, ein guter Freund von Matthias. „Wir haben heute eine zauberhafte Vollmondnacht. Ich bin schon einmal bei Vollmond und

Schnee auf den Altkönig gestiegen und hatte Matthias davon erzählt. Er war begeistert und wollte das auch erleben. Wir hatten verabredet, im nächsten Winter diese Wanderung gemeinsam zu machen. Nun lebt er nicht mehr. Willst du mit uns gehen?“ Ich habe nicht lange gezögert und sofort zugesagt. Diese Wanderung unter dem klaren Sternenhimmel mit den Freunden hat mir unvergessliche Eindrücke geschenkt. Die Hügel des Taunus in sanftes Mondlicht getaucht, das Knirschen des Pulverschnees unter den Füßen, atmen wir die kalte Winterluft. Wir laufen in einer schweigenden Welt bis auf den Gipfel des Altkönigs und sehen hinunter auf die erleuchtete Stadt Frankfurt.

Matthias hat solche Momente in der Natur geliebt. Ich bin stellvertretend für ihn gegangen, habe meine Spuren im Schnee gezogen. Der Winter hat für mich ein neues Gesicht bekommen. Er ist nicht nur kalt und farblos, er trägt das weiße, unberührte Kleid aus Schnee. Die Nacht ist voller Sterne und senkt das Mondlicht tröstend in mein Herz. Seitdem gehen wir jedes Jahr im Winter bei Vollmond im Schnee, im Gedenken an Matthias. Dabei entstand ein Gedicht:

Wanderung bei Vollmond

Heute
Schöpft der Mond
Aus dem Vollen

Verschwendet
Sein Licht.

Spur im Schnee
Durch Nacht
Und alles Weh

Dankbarkeit als Frucht der Erinnerung

Britta:

Viele, viele Briefe, Mails und Karten haben uns nach dem Tod von Matthias erreicht. Zeichen der Liebe, der Verbundenheit, tröstende Worte. Manchmal schreiben Menschen von besonderen Begegnungen, berichten darüber, was ihnen Matthias bedeutet hat, was sie bewegt und beschäftigt. Ich möchte so gerne allen danken. Mit Christofs Hilfe gestalten wir eine besondere Karte. Das Schreiben und Antworten öffnet mir ein Stück das Herz für tiefe Dankbarkeit.

Jost:

Dankbarkeit hält in Beziehungen die Liebe wach, meint der Begründer der Positiven Psychotherapie Martin Seligman. Er ist einer der führenden Glücksforscher der Gegenwart. Dankbarkeit kann auch eine Frucht der Erinnerung sein. Im Trauerprozess ist es wichtig, irgendwann an dem Punkt anzukommen, wo ich dankbar auf die Beziehung zu dem Verstorbenen zurückblicke. Dies beginnt im Raum der Erinnerung und setzt sich in den anderen Räumen fort.

„Aber die Dankbarkeit verwandelt die Qual der Erinnerung in eine stille Freude. Man trägt das vergangene Schöne nicht mehr wie einen Stachel, sondern wie ein kostbares Geschenk in sich.“

„Je schöner und voller die Erinnerungen, desto schwerer die Trennung“, schreibt Dietrich Bonhoeffer an seinen Freund Eberhard Bethge aus dem Gefängnis. „Aber die Dankbarkeit verwandelt die Qual der Erinnerung in eine stille Freude. Man trägt das vergangene Schöne nicht mehr wie einen Stachel, sondern wie ein kostbares Geschenk in sich.“[17]

Häufig lesen wir auf Traueranzeigen: „In Dankbarkeit und Liebe nehmen wir Abschied.“ Oder: „Wir wollen nicht traurig sein, dass wir sie verloren haben, sondern dankbar dafür sein, dass wir sie gehabt haben.“

Im Raum der Erinnerung sollte Platz für beides sein: Stellt sich die Dankbarkeit neben die Trauer, dann ist dies ein hilfreiches Bündnis. Man blickt auf das Gemeinsame zurück und könnte den Satz etwas abwandeln: „Ich bin traurig, dass ich es verloren habe. Ich bin dankbar, dass ich es erlebt habe."

Erinnerungen ohne Dankbarkeit sind trostlos. Dankbarkeit ohne empfundene Trauer ist flach. Nur beide Gefühle gemeinsam füllen diesen Raum angemessen.

Wie sich Dankbarkeit durch „Wiederaufbau des geliebten Wesens" (Hermann Hesse)[18] einstellt, beschreibt sehr anrührend der Film „Kirschblüten – Hanami" von Doris Dörrie.[19] In der eindrücklichen Schlussszene spürt der Zuschauer eine tiefe Dankbarkeit, ja fast so etwas wie Glück.

Der überraschende und plötzliche Tod seiner Frau Trudi trifft Rudi völlig unvorbereitet. Von Franzi, der Freundin seiner Tochter, erfährt er von Trudis geheimen Sehnsüchten, die sie aus Liebe zu ihm aber nie verwirklicht hat. Trudi hatte davon geträumt, einmal im Leben nach Japan zu fahren und dort den Fudschijama zu sehen. Zur Zeit der Kirschblüten wollte sie tanzen wie eine richtige Butoh-Tänzerin. Als Rudi dies erfährt, ist er aufgewühlt. Warum hat er diese Sehnsüchte nicht wahrgenommen? Er will seiner Frau nahe sein. Er zieht ihre Lieblingsstrickjacke an und fühlt sich wohl darin. Auch andere Kleidungsstücke von ihr trägt er und versucht sich so in seine Frau einzufühlen. Ihre Liebe zum japanischen Ausdruckstanz Butoh hatte er nie mit ihr teilen können. Im Gegenteil, er hatte diese ihm fremde Welt eher abgewertet.

Jetzt entschließt er sich, seinen Sohn Karl in Tokio zu besuchen. Beim Herumstreifen durch die Stadt wird er hineingenommen in das japanische Kirschblütenfest, das den Beginn des Frühlings markiert. In Trudis Kleidern läuft er durch einen Park mit blühenden Kirschbäumen und sieht eine Butoh-Tänzerin, die seltsame Figuren tanzt. Er ist fasziniert, spricht die Tänzerin an. Sie heißt Yu und „erzählt" ihm, dass sie bei diesem Tanz an ihre verstorbene Mutter denkt und ihre Nähe spürt. Rudi fühlt eine Art Seelenverwandtschaft und nimmt Tanzunterricht bei Yu. Sie bringt ihm bei, sich in Zeitlupe zu bewegen, um die Umgebung auf eine neue und intensive Weise wahrzunehmen. Zum ersten Mal lächelt Rudi wieder. Er trifft sich noch oft mit Yu, redet und tanzt mit ihr. Sie verstehen sich, obwohl keiner die Sprache des anderen spricht.

Im Reisegepäck hat Rudi Trudis Kimono. Damit fährt er schließlich zum Vulkan Fudschijama. Der Gipfel ist tagelang von Wolken verdeckt. Eines Morgens hüllt Rudi sich in Trudis seidenes Gewand und tanzt den Butoh für sie. Selbstvergessen, eins mit ihr, mit sich und der Welt. Plötzlich reißt der Himmel auf und die Wolken ziehen ab. Der Gipfel des Fudschijama erstrahlt im Sonnenlicht. Ein überwältigender Anblick. Der Zuschauer empfindet Frieden. Alles hat einen Sinn.

Auch wenn die zeitliche Grenze des Todes ein schmerzliches „Zu spät“ bedeutet, so ist es doch auf der Ebene innerer Verbundenheit möglich, Liebe auszudrücken und Versäumtes nachzuholen.

Auch wenn die zeitliche Grenze des Todes ein schmerzliches „Zu spät“ bedeutet, so ist es doch auf der Ebene innerer Verbundenheit möglich, Liebe auszudrücken und Versäumtes nachzuholen.

Ich gestalte das Grab

Britta:

Auf meinem Küchentisch liegt seit einigen Wochen ein Notizblock mit einem Stift. Hier sammle ich Ideen zur Gestaltung des Grabes. Lange Zeit wollte ich nicht an das Thema heran, aber nun merke ich, dass die Zeit dafür reif ist. Ich kann mir einfach nicht vorstellen, einen Stein auf das Grab zu setzen. Aber welche Alternativen gibt es?

Ich habe das Bedürfnis, das Grab so zu gestalten, dass es Matthias entspricht und auch zu mir und unserer Familie passt. Dabei wollte ich gerne etwas finden, was unsere Verbindung zueinander durchscheinen lässt und was gleichzeitig den Blick auf die Ewigkeit richtet. Dann lernte ich Herrn Meier, einen Bildhauer aus Frankfurt, kennen. Wir verabredeten uns zu einem ersten Gespräch. „Was stellen Sie sich denn vor, wenn Sie an das Leben Ihres Mannes denken?“ Ich erzählte von Matthias, seinem Pfarrberuf, seiner Liebe zu seiner Familie, zur Musik, zur Natur. Herr Meier nahm sich viel Zeit. Nur so konnten wir in den gemeinsamen kreativen Prozess einsteigen. Die Idee konnte reifen, bis eine dreiteilige Stele aus

Abbildung 1:
Grabstele
Matthias Laubvogel, gestorben 2006

Holz entstand. Das Geheimnis der Dreieinigkeit hat Matthias sein Leben lang intensiv beschäftigt. Das konnte hier gut zum Ausdruck kommen.

Drei miteinander verbundene Holzbalken stehen in einer leichten Neigung, etwas versetzt. Dadurch bekommt die Stele einen Zug nach oben, vergleichbar mit einer Leiter, die Himmel und Erde verbindet. Holz, damit verbinde ich die Wälder, durch die wir gewandert sind und die Matthias so geliebt hat. Alle drei Balken haben einen Einschnitt. Wie durch ein Fenster sieht man hindurch in die Weite. Dieses Fenster soll den Blick öffnen für die Ewigkeit. Am Fenster ist ein Notenschlüssel aus Eisen befestigt. Er steht für die Liebe zur Musik. Musik war ein ganz starker Lebensausdruck für Matthias und manche seiner Lieder haben auch die Tür zu weiteren Räumen geöffnet. Die drei kleinen hängenden Steine, sogenannte Hühnergötter, Lochsteine von der Ostsee, habe ich während meiner Kur auf tränenreichen Spaziergängen am Strand gesammelt. Sie sollen nun im Grabmal ihren Platz als Zeichen meiner Liebe finden. Für mich persönlich sind es meine Tränen, die ich gesammelt habe und die ich nun gut aufgehoben weiß.

Wenn ich an das Grabmal trete, nehme ich immer einen Stein in die Hand, umschließe ihn fest. Mit der Zeit nimmt der kalte Stein die Wärme meines Körpers an. Das hilft mir im wahrsten Sinne zu „be-greifen“, was geschehen ist. Ich hätte nicht für möglich gehalten, dass eine solche Berührung ein inneres Begreifen unterstützt. Unsere Sinne sind Türen zur Seele.

Immer wieder tauchen neue Gedanken und Assoziationen auf, wenn ich mit Freunden am Grab stehe. Ein alter Bauer der Gemeinde erzählte mir: „Frau Laubvogel, ich war heute schon auf dem Friedhof und habe für ihren Mann geläutet. Ich bewege die Steine, sodass sie aneinanderstoßen und dann läuten sie wie eine Glocke.“

Eine Freundin sagte: „Der Blick in die Weite ist noch nicht ganz frei. Wir sehen noch durch einen Schleier, durch die Steine hindurch. Es sind die Gardinen.“ Meine Tränen – Gardinen im Fenster zur Ewigkeit?

Jemand, der Matthias schon seit seiner Kindheit kennt, sagte: „Matthias ist schon als Kind auf jeden Baum geklettert. Nun ist er über die Krone hinaus in die Ewigkeit geklettert."

Manchmal komme ich am Grab mit fremden Menschen ins Gespräch. Sie fragen mich nach der Bedeutung der Stele. Dann erzähle ich ihnen von meinem Mann, von seinem Glauben an den dreieinigen Gott, den Schöpfer, den Erlöser und den Tröster. Ich merke, dass ich seine Predigten verinnerlicht habe und diese nun an seinem Grab weitertrage.

Jost:

Zu allen Zeiten haben Menschen ihre Toten in besonderer Weise bestattet. Reste vergangener Kulturen finden wir oft auch in Form ihrer Grabstätten vor. So weisen die mächtigen Pyramiden, letzte Ruhe der Pharaonen, auf eine bedeutende Zeit ägyptischer Kultur zurück.

Wir brauchen einen Ort für die Toten, um sie nicht zu vergessen.

In unserem Kulturkreis ist es in der Regel die Erde, die die Verstorbenen trägt. Das Bedürfnis, der Trauer und Verbundenheit an einem konkreten Ort Ausdruck zu geben, zeigt sich in der Grabpflege. Es wird gepflanzt, gehackt, gejätet, Blumen werden der Jahreszeit entsprechend erneuert, Lichter zum Grab getragen.

In der Art, wie Angehörige das Grab gestalten, welchen Stein sie aussuchen, welche Beschriftung, welche Bepflanzung sie wählen, welche Symbole sie am Grab niederlegen, in dem allen machen Hinterbliebene etwas von der Persönlichkeit des Verstorbenen und ihrer Verbindung zu ihm sichtbar. Da findet man beispielsweise einen Trecker auf einem Grabstein: Offenbar war der Verstorbene begeisterter Landwirt. Bei einem anderen ist das Symbol des örtlichen Schützenvereins eingraviert. Das scheint also ein wichtiger Teil seines Lebens gewesen zu sein.

Wir brauchen einen Ort für die Toten, um sie nicht zu vergessen.

Die Feuerbestattung ist in vielen Kulturen bekannt und geschichtlich sehr alt. Der Körper wird verbrannt und die Asche in einer Urne beigesetzt. Im christlich-jüdischen Kulturkreis hatte sich bis vor einigen Jahren mehr die Erdbestattung durchgesetzt. Heute werden in Deutschland allerdings etwa 55 Prozent der Beisetzungen als Feuerbestattung durchgeführt, mit steigender Tendenz.[20]

Mitunter wünschen Angehörige eine anonyme Bestattung. Oder die Urne wird dem Meer übergeben. Das löst auch die Frage der Grabpflege. Aber es gibt dann keinen festen Ort, an den man hingehen kann, um seiner Trauer Ausdruck zu geben. Für einige Menschen kann das später ein Problem werden. Andere Trauernde hingegen fühlen sich bei dieser Art der Bestattung, gerade weil es keinen bestimmten Ort gibt, überall dem Verstorbenen nahe. Bei einer Seebestattung kann die Symbolik des Wassers als allgegenwärtiges Element und Urkraft eine Rolle spielen oder die besondere Verbundenheit mit dem Meer, wie es oft bei Seeleuten der Fall ist. Zunehmender Beliebtheit erfreut sich auch die Bestattung im Friedwald, unter einem Baum. Die häufig damit verbundene Vorstellung, der Mensch werde so wieder in den Naturkreislauf eingefügt und lebe auf diese Weise weiter, widerspricht allerdings dem christlichen Glauben an die Auferweckung der Toten und wird daher von vielen Theologen abgelehnt.

Trauerblockade – Gefangen in der Erinnerung

Jost:

Menschen haben Angst, dass der Verstorbene mit der Zeit vergessen werden könnte. Daher halten sie die Erinnerung wach. Das ist gut so. Denn die Erinnerung kann uns keiner nehmen. Menschen können daraus Kraft schöpfen, um in der Gegenwart gut zurechtzukommen. Das Volk Israel wird im Alten Testament immer wieder ermahnt, daran zu denken, was Gott in der Vergangenheit für sie getan hat. Das soll ihnen helfen, in der Gegenwart einen guten Weg zu finden und hoffnungsvoll in die Zukunft zu blicken.

„Gesunde“ Erinnerung ist auf Zukunft ausgerichtet, sonst ist sie reine Konservierung der Vergangenheit.

Der Raum der Erinnerung hilft, dieses Ziel ins Auge zu fassen. „Gesunde“ Erinnerung ist auf Zukunft ausgerichtet, sonst ist sie reine

Konservierung der Vergangenheit. Es geht um einen freien Blick nach vorne. Wer nur rückwärtsblickt, wird mit der Zeit verbittert und ungerecht. Menschen, die stets die gute alte Zeit verherrlichen, können dem aktuellen Leben wenig Positives abgewinnen.

Werner hat vor 15 Jahren seinen Sohn bei einem Autounfall verloren. Der Sohn war damals 21 Jahre alt. Es gibt für Eltern wohl kaum etwas Schlimmeres als ein Kind zu verlieren. Alle Nachbarn und Freunde hatten großes Mitgefühl. Während Annemarie, seine Frau, sich bald aktiv mit ihrer Trauer auseinandersetzte und in eine Trauergruppe ging, saß Werner stumm in der Wohnstube und starrte vor sich hin. Kam Besuch, so knurrte er ihn vorwurfsvoll an, ließ sich zu keiner Aktion im Dorf mehr motivieren. Das Zimmer seines Sohnes beließ er so, wie der Sohn es an jenem Tag verlassen hatte. Alles steht an seinem Platz, es ist wie ein Museum. Auch auf dem Türschild am Hauseingang steht noch der Name des Sohnes. Im Garten richtete Werner eine Art Gedenkstätte ein. Wenn er redet, dann über früher und wie schwer ihn das Schicksal gebeutelt hat. In die Kirche geht er nicht mehr. Er besucht kein Dorffest, hat wenig Kontakt zu anderen Menschen. Seine Frau und seine anderen Kinder, die sich nach und nach wieder mehr dem Leben zuwandten, fühlen sich dem unterschwelligen Vorwurf ausgesetzt, sie trauerten nicht mehr richtig. Jedes Jahr am Todestag setzt Werner eine Anzeige mit dem Sterbedatum seines Sohnes in die örtliche Zeitung.

Werner lebt gefangen in seiner Erinnerung und findet nicht mehr den Weg zurück ins Leben.

Solche Trauer macht verbittert und einsam. Betroffene leiden sehr darunter. Aber auch ihre Angehörigen, die sich direkt oder indirekt beschuldigt fühlen, dass sie herzlos seien. In der Psychotherapie sprechen wir in so einem Fall von pathologischer, also krankhaft fehlgeleiteter Trauerreaktion. Nicht selten führt eine solche Fehlentwicklung der Trauer in eine tiefe chronische Depression, die ärztliche Hilfe erforderlich werden lässt. Ein davon betroffener Mensch braucht Unterstützung von Fachleuten: von einem Psychotherapeuten oder Seelsorger.

Im Kapitel „Anregungen und Tipps“ finden Sie Hinweise, wie Sie im

Raum der Erinnerung Kraft für das Leben und die Zukunft bekommen und eine Fehlentwicklung der Trauer vermeiden.

Besinnung – Kraft aus der Erinnerung (Psalm 77)

Britta:

„Ich rufe zu Gott und schreie um Hilfe, zu Gott rufe ich und er erhört mich.

In der Zeit meiner Not suche ich den Herrn; meine Hand ist des Nachts ausgereckt und lässt nicht ab; denn meine Seele will sich nicht trösten lassen.“ (Vers 2-3)

Was hat dieser Mensch erlebt? Was treibt den Psalmsänger David um? Er spricht mir aus dem Herzen. So geht es mir auch. Ich rufe zu Gott. Ob er meine Gebete überhaupt hört? Meine Angst ist groß. Werde ich mit meinem Verlust leben? Ich kann gar nicht sehen, wie es für mich weitergehen soll. Auch wenn ich bete, fühle ich keinen Trost.

„Ich denke an Gott und bin betrübt; ich sinne nach und mein Herz ist in Ängsten. Meine Augen hältst du, dass sie wachen müssen; ich bin so voll Unruhe, dass ich nicht reden kann.“ (Vers 3-4)

Ein tiefer Seufzer. Kein froher Gedanke steigt auf. Kein Dank kommt über meine Lippen. Ich grüble ununterbrochen. Warum musste das geschehen? Hätte ich doch nur … Nachts wälze ich mich in meinem Bett. Ich kann nicht schlafen.

„Ich gedenke der alten Zeit, der vergangenen Jahre. Ich denke und sinne des Nachts und rede mit meinem Herzen, mein Geist muss forschen …

Darum denke ich an die Taten des Herrn, ja, ich denke an deine früheren Wunder.“ (Vers 6-7 und 12)

Plötzlich taucht ein Bild auf. Ich sehe eine saftige, grüne Wiese. Eine Herde Schafe sucht Futter. David, der Hirtenjunge, achtet auf sie. Jetzt nimmt er seine Harfe und beginnt zu spielen. Eine wunderschöne Melodie. Sie beginnt in mir zu klingen.

Es gab eine unbeschwerte Zeit in Davids Leben, es gab auch eine unbeschwerte Zeit in meinem Leben. Ich erinnere mich an fröhliche Augenblicke und herrliche Momente. Ich trete aus meinem Gedankenkarussell heraus. Immer mehr schöne Augenblicke fallen mir ein. Dankbarkeit zieht in mein Herz ein.

Anregungen und Tipps

„Weißt-du-noch-Gespräche"

Britta:
Eine Mutter hat mir in einer Trauergruppe erzählt, wie sie mit ihren Kindern die Erinnerungen an den verstorbenen Vater lebendig hält. Sie setzt sich mit ihnen zusammen und dann führen sie die sogenannten „Weißt-du-noch-Gespräche":

Alle sitzen beieinander und erinnern sich an schöne Momente, traurige Augenblicke, und jede Erinnerung beginnt mit dem kleinen Satz:

- Weißt du noch …
- Und dann kann erzählt, gelacht, geweint werden.

Bildern Leben geben

Britta:
Bilder können helfen sich zu erinnern. Mir sind manche Bilder sehr wertvoll geworden.

- Suchen Sie sich ein Foto, das Sie anspricht. Betrachten Sie es mit Liebe und Achtung, bis Sie das Gefühl haben, in das Bild wie durch ein Fenster hineinsteigen zu können.
- Dann schließen Sie die Augen und erleben noch einmal das Geschehen. Was sehen Sie? Welche Menschen stehen vor ihnen? Welche Bewegungen nehmen Sie wahr? Was hören Sie? Können Sie Gerüche wahrnehmen? Was empfinden Sie?
- Wenn Sie das Gefühl haben, es ist genug, dann beenden Sie diese kleine Gedankenreise. Strecken Sie die Arme und Beine und holen Sie tief Luft.
- Vielleicht schmerzt es Sie, wieder zurückzukehren. Gleichzeitig werden Sie Trost spüren, weil Sie einen reichen Schatz der Erinnerung mit sich tragen.

Steine, Lichter, Blüten

Britta:
In einer Gruppe im Rahmen der Erwachsenenbildung habe ich einmal dieses Ritual kennengelernt und dann auch für mich auf meinem Trauerweg umgesetzt.

- Suchen Sie sich eine Glasschale und füllen sie diese mit etwas Wasser. Dann nehmen Sie ein paar Steine, einige Teelichter und wenn möglich auch einige Rosenblüten.
- Nehmen Sie zuerst einen Stein in die Hand, spüren Sie die Kälte des Steins. Nehmen Sie wahr, dass er in Ihrer Hand wärmer wird. Lenken Sie nun Ihre Gedanken zu den belastenden Gefühlen der Erinnerung. Spüren Sie, wie sie wie Steine auf Ihrer Seele liegen. Legen Sie in Ihrer Vorstellung diese Gedanken und Gefühle auf den Stein. Den Stein legen Sie nun in die Glasschale. Die Lasten sinken auf den Grund.
- Dann nehmen Sie ein Teelicht und zünden es an. Ihre Gedanken gehen zu den lichten und hellen Momenten. Halten Sie diese Erin-

nerung fest und setzen Sie das Teelicht auf die Wasseroberfläche. Sie spüren, dass sich Dankbarkeit für die schönen Momente wie der Lichtschein in ihnen ausbreitet.

- Dann nehmen Sie eine Rosenblüte. Lenken Sie die Gedanken zu dem lieben Menschen, den Sie verloren haben, und fragen Sie sich: Wodurch ist mein Leben reich geworden? Was ist durch die Liebe zur Blüte gekommen? Setzen Sie dann die Rosenblüte auf die Wasseroberfläche.
- Dieses Ritual können Sie wiederholen und weiter Blüten, Steine und Lichter hineinsetzen.
- Steine gehören im Leben dazu. Im Zusammenspiel mit den Lichtern und Blüten verlieren sie aber an Schwere und Kälte. Das wird Sie trösten.

Lebensleiter bauen

Britta:
Die Himmelsleiter auf dem Grab von Matthias hat mich inspiriert, das Symbol der Leiter auch ins Leben zu holen. Warum soll sie nur auf dem Grab stehen und nicht auch mitten im Leben? So habe ich anlässlich von runden Geburtstagen in meinem Freundeskreis begonnen, Lebensleitern zu bauen. Ich selbst habe mir auch eine solche Himmelsleiter gebaut. Erinnerungsstücke an schöne Momente hängen darin, aber auch solche, bei denen ich an dunkle Stunden denke.

- Bauen Sie aus Ästen eine Leiter für Erinnerungsstücke.
- Dafür suchen Sie im Wald einige gerade gewachsene Äste. Sie brauchen zwei längere für die Außenseiten und etwa fünf bis sechs kürzere für die Sprossen.
- Mit Paketschnur werden die Sprossen mit den Außenseiten verbunden. In die Zwischenräume hängen Sie nun Dinge, die Ihnen wertvoll sind und die Sie an den lieben Menschen erinnern: Fundstücke vom gemeinsamen Urlaub, Steine, Muscheln usw. Oder suchen Sie

nach Symbolen, z. B.: Sterne für die Sternstunden im Leben oder Herzen für berührende Momente.

- Zum Schluss fädeln Sie einige Federn an einem dünnen Draht auf und hängen diese als Symbol für Gottes Engel in die Leiter.
- Geben Sie der Leiter einen besonderen Platz. Sie werden erleben, dass sie sich wandelt. Sie werden immer neue Symbole finden und hineinarbeiten.

Abbildung 2:
Leitern der Erinnerung
Mehrere Leitern zusammengetragen von einer Trauergruppe

Labyrinth erleben

Britta:
Labyrinthe haben mich schon immer fasziniert. Sie habe eine spannende Geschichte und eine große Wirkung, wenn man sich auf ihre Geheimnisse und Rätsel einlässt. Das Labyrinth ist ein Symbol für den Lebensweg des Menschen. Es ist für mich auch ein hilfreiches Bild für den Weg durch die Trauer geworden.

- Kopieren Sie das Labyrinth möglichst groß, am besten auf eine Größe von DIN A3.
- Verfolgen Sie den Weg durch das Labyrinth mit dem Finger, spüren Sie die Wendungen, die Richtungswechsel.
- Malen Sie den Weg wie einen roten Faden an und denken Sie darüber nach, was der rote Faden durch die Trauer für Sie ist: Was trägt mich kontinuierlich?
- Malen Sie jede Biegung in einer anderen Farbe. Welche unterschiedlichen Erfahrungen haben Sie bisher gemacht auf Ihrem Trauerweg?
- Gestalten Sie die Mitte, geben Sie ihr einen Namen. Was denken Sie, wohin die Trauer Sie führen wird?
- Schreiben Sie auf den Weg Gedanken, die Sie in der Trauer bewegen.
- Fahren Sie mit einem Stift das Labyrinth ab. Suchen Sie sich ein Wort, das Ihnen hilft, einen Bibelvers oder einen Segen aus, den Sie nun beim Malen sprechen. Wiederholen Sie ihn mehrmals und achten Sie darauf, wie sich das Wort verändert.
- Schreiben Sie das Gedicht: „Stört die Trauer nicht“ auf den Weg und lassen Sie sich durch die Worte zur Mitte führen.

Abbildung 3:
Das Labyrinth als Weg durch die Trauer

Raum der Liebe – Liebe bewahren

Britta:

In meinem Wohnzimmerregal steht ein Stück Holz auf kleinen Metallfüßen. Es ist ein graues Schwemmholz, eine alte Baumwurzel. Beim genauen Hinsehen kann man tatsächlich einen Fisch darin erkennen: den stromlinienförmigen Körper, die Flossen und das Auge. Immer wenn ich diese Wurzel ansehe, denke ich an Matthias. Der Fisch ist nicht stumm, er erzählt mir eine besondere Liebesgeschichte. Im August 2005 unternahm Matthias mit einer Jugendgruppe aus der Gemeinde Groß-Karben eine Kanutour durch den Dalslandkanal in Schweden. Tagsüber fuhren sie mit den Kanus durch die wunderschöne Seenlandschaft, es wurde geschwommen, von Felsen gesprungen. Am Abend wurde eine geeignete Stelle für das Nachtquartier gesucht. Die Zelte wurden aufgeschlagen, das Lagerfeuer entzündet und Essen zubereitet. Am nächsten Morgen wurde alles in wasserdichte Tonnen verstaut und weiter ging die Fahrt. Es muss eine ganz besondere Zeit für die Jugendlichen gewesen sein. Sie erzählen heute noch von diesen Sommerferien.

Am letzten Abend hat Matthias dieses Stück Holz, diesen „Fisch“ an seinem Lagerplatz gefunden. Er dachte sofort an mich, denn er wusste: Britta liebt Wurzeln. Ich sammle gerne, was ich am Weg finde, wenn ich in der Natur unterwegs bin. Muscheln, Steine oder Wurzeln, ich packe es ein. Wie oft hat Matthias meine Leidenschaft für Wurzeln belächelt und entsetzlich gestöhnt, wenn ich ihm auf einer Wanderung wieder mal eine im Rucksack untergejubelt hatte. Doch dieses große Stück Holz aus Schweden hat er tatsächlich bis zurück nach Hause mit sich getragen und mir geschenkt. Ich habe mich so darüber gefreut! Dass es dann das letzte Geschenk an mich wurde, hat diesem Fisch einen besonderen Platz in meinem Herzen und in meinem Wohnzimmer gegeben.

Keine Brillanten oder Perlen, eine verwitterte Baumwurzel. Aus Liebe geschenkt und aufgehoben. Wenn ich sie ansehe, höre ich Matthias' Liebeserklärung, die noch heute mein Herz wärmt. Unsere Beziehung ist nicht abgebrochen. Er ist innerlich anwesend, und das manchmal sehr intensiv. Dann kann ich seine Stimme hören, ihn vor mir sehen.

Diese besonderen Erfahrungen der Nähe sind mir sehr wertvoll. Ich habe mich immer sehr unverstanden gefühlt bei dem Gedanken, dass ein Trauerprozess dann abgeschlossen ist, wenn der Trauernde es geschafft hat, den verstorbenen Menschen loszulassen, so wie es in der Trauerliteratur oft vertreten wird. Dass man sich dem Verstorbenen nahe fühlt, wird als vorübergehende Phase beschrieben. Ist es denn tatsächlich das wichtigste Ziel der Trauer loszulassen? Dagegen sperrt sich mein Inneres in diesen Wochen.

Wie ist das eigentlich: Hört die Liebe mit dem Tod auf? Ich habe so viele Bücher über die Ehe gelesen. Es geht um die erste Liebe, symbiotische Verschmelzung, die Phase der stabilen Partnerschaft, die reife Liebe der mittleren Generation. Aber was geschieht nach dem Tod eines Partners? Gibt es auch eine Liebe nach dem Tod?

Ich suche einen Weg, in eine innere, seelische Beziehung zu treten.

Inzwischen bin ich davon überzeugt, dass es eine Phase der Liebe über den Tod hinaus gibt. Die Liebe hört nicht auf, sie wandelt sich. Ich stütze mich auch auf ein Bibelwort, worin es heißt: „Die Liebe ist stark wie der Tod" (Hoheslied 8,6). Der Tod hat nicht das letzte Wort, die Liebe überwindet ihn.

Inzwischen bin ich davon überzeugt, dass es eine Phase der Liebe über den Tod hinaus gibt. Die Liebe hört nicht auf, sie wandelt sich.

Der Raum der Liebe ist der persönlichste Raum, die Mitte meines Trauerhauses. Manchmal habe ich den Eindruck, dass hier das Wärmezentrum für alle anderen Räume liegt. Wenn die Liebe Trauer 7trägt, strahlt ihre Wärme ab in den Raum des Schmerzes, den Raum der Erinnerung, der Wandlung. Ohne Liebe würde der Verlust nicht so wehtun, der Schmerz nicht überstark sein. Ohne die Liebe würde ich vielleicht in Klage und Verbitterung versinken oder an Verletzungen festhalten. In Liebe trauern, das ist die Aufgabe im Raum der Liebe.

Perlen für die Ewigkeit

Ich suche Spuren
In der Zeit
Folge ihnen
Durch die Zweisamkeit.

Ich sammle Tränen
Für den Morgen
Halte sie
In meinen Händen.

Ich finde Perlen
Für die Ewigkeit
Trage sie
In mir verborgen.

Ich finde Liebe
Die ewig bleibt
Bewahre dich
Bin traurig – reich.

Die Liebe bleibt

Jost:
Am Ende seines Romans „Die Brücke von San Luis Rey" lässt Thornton Wilder die Äbtissin sagen: „Was bleibt, ist die Liebe. Da ist ein Land der Lebenden und ein Land der Toten, und die Brücke zwischen ihnen ist die Liebe – das einzige Bleibende, der einzige Sinn."[21]

Die Liebe bleibt, die Liebe hört niemals auf, so lesen wir es auch im Neuen Testament (1. Korinther 13,8)[22]. Aber diese Liebe nach dem Tod stellt sich anders dar. Verbundenheit kann über den Tod hinaus bestehen bleiben, wie es viele Trauernde bezeugen. Es ist eine andere emotionale Verbindung, als sie es zu Lebzeiten war. Sie braucht einen Platz im Herzen, wo sie sicher aufgehoben ist. Diese Liebe geht über den Tod hinaus und ist doch alles andere als ein verzweifeltes Festhalten. Gerade indem ich loslasse, finde ich einen neuen Zugang zu dem verstorbenen Menschen. Der Liebe einen Ort zu geben ist wichtig, um später frei zu sein, gegebenenfalls auch für eine neue Beziehung. Die kann nie eine Kopie der vergangenen Liebe sein. Sonst tritt sie in Konkurrenz und dann kommt man nicht zur Ruhe, bleibt gefangen in der Vergangenheit.

„Was bleibt, ist die Liebe. Da ist ein Land der Lebenden und ein Land der Toten, und die Brücke zwischen ihnen ist die Liebe – das einzige Bleibende, der einzige Sinn."

Es ist fünf Jahre her, dass Jürgen und Monika ihren damals 13-jährigen Sohn Julian durch einen tragischen Unfall verloren. Seine Freunde hatten ihm etwas ganz Besonderes zeigen wollen und waren mit ihm vom Speicher der Doppelhaushälfte, in der einer der Jungen wohnte, auf die andere Seite des Speichers, die des Nachbarn in der anderen Doppelhaushälfte, hinübergegangen. Sie wussten, dass der Mann ein Waffennarr war und seine Waffen oft nicht wegschloss. Über die Dachbodenleiter stiegen sie in die Küche des Nachbarn ein, wo die Waffen in einem unverschlossenen Koffer auf dem Tisch lagerten. Julian stand oben auf der Leiter, als der Schuss, den sein Freund versehentlich auslöste, ihn tödlich traf.

Wir, alle Freunde von Jürgen und Monika, standen unter Schock, als wir davon erfuhren. Heute, nach fünf Jahren, sitzen wir mit Monika und Jürgen zusammen und hören, wie sie mit ihrer Trauer um den Sohn leben.

Wir essen zu Abend, auf dem Tisch brennt eine Kerze – Julians Kerze. Sie brennt seit fünf Jahren zu allen Mahlzeiten. Monika und Jürgen berichten von Verzweiflung und Wut, Schmerz und Trauer und darüber, wie es war, als sie zwei Tage nach der Erschießung ihres großen Sohnes mit dem kleinen Bruder, damals acht Jahre alt, im Kino den Kinderfilm „Die wilden Kerle" angesehen haben. Wie gut es war, dass Freunde die Beerdigung organisierten und jeden Abend da waren. Wie schwer es war, den Prozess gegen den Waffenbesitzer wegen fahrlässiger Tötung anzustrengen, wie viel Kraft es gefordert hat, den Prozess auszuhalten. Der Waffenbesitzer ging, weil schuldig gesprochen, in Revision. Zweiter Prozess. Lügen aushalten und Gedankenlosigkeit – und immer Freunde an der Seite.

Das erste Mal den Frühstückstisch decken für drei, nicht für vier, kein Gedeck für Julian. Nein, ein Museum wollten sie nicht einrichten, auch wegen des jüngeren Bruders nicht.

Dann der erste Urlaub ohne Julian. Sie hatten Atlantikküste gebucht, wie seit Jahren so oft. Eine Nichte nimmt Julians Platz ein, älter schon und wohl nicht ganz ahnend, was auf sie zukam. Statt Ferienfreude im Auto Schweigen der Eltern, immer wieder Tränen bei der Fahrt durch die Lande, Tränen bei der Ankunft. „Hier an dieser Stelle hat Julian immer mit dem Rad gewartet, weil da die Beregnungsanlage der Felder den Radweg erreicht und da hat er sich nass regnen lassen. Und hat sich so gefreut“, berichtet Jürgen. Als sie ihr Ziel erreichen, weint ihre Ferienvermieterin um Julian.

Am Strand in der Brandung suchen dann die Eltern immer mit den Augen zwei Jungen, aber einer fehlt.

Doch diese Ferien waren gut. Die Ruhe, die Nähe der Menschen, die Julian kannten. Er war dabei, wenn sie zum Meer radelten, sich in die Wellen stürzten oder abends im Garten grillten.

Das Grab, für die Eltern ein wichtiger Ort. Unvorstellbar war es für sie, einen Grabstein aufzustellen – polierter Granit und Kies, wie in unserer Stadt üblich, das geht für sie gar nicht. Monika hat eine Basaltstele gesehen, unbehandelt, eckig und kantig wie Julian. Das ist es.

Sie lassen Julians Taufspruch hineinschreiben: „Er wird dich mit seinen Fittichen decken und Zuflucht wirst du haben unter seinen Flügeln“ (Psalm 91,4). Ein in den Stein eingraviertes Segelschiff erzählt von seiner großen Leidenschaft für das Segeln. Buchsbaum umfasst ein kleines Beet, das im Sommer mit roten Geranien, weißem Steinkraut und blauem Lavendel vom Ferienglück in Frankreich erzählt. Im Winterhalbjahr brennt dort immer eine Kerze: „Ich halte die Dunkelheit bei Julian auf dem Friedhof einfach nicht aus.“ Jürgen erzählt vom ersten unerträglichen Weihnachten, vom Weihnachtsbaum auf dem Friedhof, den Julians Bruder durchgesetzt hat, dem Kinderzimmerumbau und wie entlastend es war, dass nach über zwei Jahren Prozesszeit der Waffenbesitzer schuldig gesprochen wurde.

Und jedes Jahr, wenn sich der Unglückstag jährt, laden die drei ihre Freunde, die seit Jahren an ihrer Seite sind, seit Julian in den Kindergarten kam, zum Abendessen ein. Julian hat solche Feiern geliebt. An diesem Tag halten sie inne, gehen nicht arbeiten und widmen sich ganz ihrem älteren Sohn.

An seinem Geburtstag gehen sie Skilaufen. Er fand es immer so schön, mit seiner Familie im Schnee zu sein.

Wie sein großer Bruder segelt der kleine Bruder, will jetzt aber lieber surfen: „Julian fände das auch cool", und alle drei freuen sich auf den Urlaub am Atlantik, mit Freunden bei ihrer Ferienmadame. Ein Ort, an dem die Familie ihre Liebe spürt. Julian wird immer dazugehören. Die Trauer ist ein steter Begleiter durch die Jahre. Der Schmerz verändert sich, aber er bleibt.

Feste Zeiten, feste Orte im Raum der Liebe: das Skilaufen an Julians Geburtstag, die Sommerferien am Atlantik. Die Liebe hört niemals auf. Auch die Liebe der Eltern zu ihrem toten Kind nicht.

Du hast einen sicheren Ort in mir

Britta:

Ich sitze am Esstisch und gehe alles noch einmal in Gedanken durch: Markus besorgt den Tannenbaum, stellt ihn auf und schmückt ihn mit Lena. Kugeln, Lichterkette, Holzfiguren, alles liegt bereit. Für das Essen am ersten Feiertag fehlen nur noch der Feldsalat und für den Nachtisch gefrorene Himbeeren. Getränke sind auch da. Ja, dann kann es Weihnachten werden. Da reißt mich Sarah aus meinen Gedanken: „Es ist so anders", sagt sie. „Ich weiß gar nicht, was ich machen soll, es fehlt was. Sonst haben wir immer noch etwas geprobt oder für den Gottesdienst vorbereitet."

Meine Tochter spricht aus, was mir schwer auf der Seele liegt. Ja, es ist alles anders. So viele Jahre haben wir als Familie Weihnachten im Pfarrhaus gefeiert. Die Kinder waren eingebunden im Krippenspiel oder durch musikalische Gestaltung in der Christmette. Da wurde geprobt, bis zur letzten Minute noch Text gelernt, Kostüme zusammengestellt. Die Gottesdienste waren die Mitte der Festtage.

Dies ist nun unser erstes Weihnachten ohne Pfarrhaus. Es fühlt sich für uns alle fremd an. Matthias Stuhl ist leer. Die Aufgaben, die für uns mit seinem Beruf verbunden waren, fallen weg. Meine Gedanken wandern zurück an das Weihnachtsfest vor einem Jahr. Die ganze Familie war zusammen gewesen, Matthias schwer krank in unserer Mitte. Die Kinder hatten den Gottesdienst am Heiligen Abend gestaltet. Markus, unser Schwiegersohn, hatte als Theologiestudent die Predigt übernommen, die Töchter sangen Weihnachtslieder. „Ich muss mich auf diesen Gottesdienst richtig vorbereiten", hatte Matthias zu mir gesagt und wir beide waren ein wenig abseits gegangen. „Du leihst den Kindern die Kirche und sie leihen dir ihre Stimme", hatte ich versucht ihn zu ermutigen für diesen schweren Gang.

Unvergesslich bleibt mir dieser Gottesdienst. Wenn ich daran zurückdenke, bin ich tief berührt und dankbar, dass uns dieses gemeinsame Weihnachtsfest geblieben ist. Als hätte er uns damit die „Erlaubnis" zum Feiern gegeben: „Feiert weiter Weihnachten – die Geburt unseres Heilandes."

Ganz leer kann das Fest niemals sein. Darin liegt ein Geheimnis unseres christlichen Glaubens. Trotz allen Leids und in allem Schmerz dürfen wir feiern, ohne dabei die schweren Erfahrungen zu verleugnen. Sie nehmen dem Fest nicht die Freude, sondern geben ihm eine neue Tiefe.

Mir fallen Worte von Dietrich Bonhoeffer ein, die er in einem Brief an Renate zum Heiligen Abend 1943 aus der Gefängniszelle geschrieben hat:

„Zunächst: Es gibt nichts, was uns die Abwesenheit eines lieben Menschen ersetzen kann, und man soll das auch gar nicht versuchen. Man muss es einfach aushalten und durchhalten; das klingt zunächst sehr hart, aber es ist doch zugleich ein großer Trost; denn indem die Lücke wirklich unausgefüllt bleibt, bleibt man durch sie miteinander verbunden. Es ist verkehrt, wenn man sagt, Gott füllt die Lücke aus, er füllt sie gar nicht aus, sondern er hält sie vielmehr gerade unausgefüllt, und hilft uns dadurch unsere echte Gemeinschaft miteinander – wenn auch unter Schmerzen – zu bewahren."[23]

Ja, der Platz lässt sich durch nichts besetzen und darin liegt auch gerade ein Trost. Und doch geht eine Wandlung in mir vor. Ich sehe nicht mehr nur den leeren Stuhl, nein, so nach und nach merke ich: „Du hast einen Platz in meinem Herzen. Du bist mir zum Wegbegleiter geworden, auch auf unseren Festen."

Wir zünden eine Kerze an: Es kann wirklich Weihnachten werden.

In der Liebe trauern, bedeutet für mich: dem lieben Menschen einen sicheren Ort im Herzen geben.

Inzwischen haben wir viele Familienfeste gemeinsam gefeiert: die Hochzeit unserer Tochter Sarah, goldene Hochzeit meiner Eltern, Hochzeit meines Bruders, runde Geburtstage. Und immer ist Matthias innerlich anwesend. Insofern bedeutet für mich, in der Liebe trauern: dem lieben Menschen einen sicheren Ort im Herzen geben.

In der Liebe freigeben

Britta:

Heute ist der letzte Tag meiner Kur. Ich gehe an den Strand, möchte Abschied nehmen. Eine wertvolle Zeit liegt hinter mir. Hier bin ich gewandert, durch meine Trauer, um mein Leben wieder unter die Füße zu bekommen, allein und gemeinsam mit Martina. Das Meer hat sich nach dem gestrigen Sturm zurückgezogen, hält dem Himmel seinen Spiegel hin. Ich laufe am Strand, einer weiten Fläche, auf der ich meine Spuren ziehe. Der feste noch feuchte Sand liegt wie eine Tafel vor mir und lädt mich ein, mit einem Stock zu malen, zu schreiben, wie ich es vor langer Zeit als Kind so gerne gemacht habe. Ich schreibe nur das Wort „Ich" und gehe weiter. Dann schreibe ich „Du" und ziehe weiter. Es folgen die Worte „Sand", „Spuren". Ich überlasse mich ganz meinen Gedanken und dem Sand, ziehe meinen Weg und schreibe weiter: „Woher? Wohin? Warum?" Vor mir stehen Erinnerungen an gemeinsame Stunden mit Matthias, mich quält die Frage, warum musste er so früh sterben? Und noch einmal schreibe ich in den Sand: Warum? Wohin? Woher? Spuren, Sand, Du, Ich.

Nun wird es Zeit umzukehren. Ich gehe denselben Weg im Sand, ziehe vorbei an den Worten und lese, was ich geschrieben habe: Ich – Du – Sand – Spuren – Woher? – Wohin? – Warum?

Ich bleibe stehen. Was geschieht hier gerade? Ich habe den Eindruck, an meinem Leben vorbeizuziehen, an den Fragen nach dem Sinn, nach dem „Warum". Keine Antwort stellt sich ein. Und in das stille Innehalten mischt sich der Gedanke: Was ist, wenn das Wasser zurückkehrt, die Spuren sich im Wasser auflösen, wenn der Wind kommt und den Sand wieder trocknet und die Zeilen gelöscht sind?

Wasser, Wind, Sonne – sie werden kommen. Das ist sicher. Der Kreislauf der Natur lässt sich nicht aufhalten. Meine Spuren werden verwischen. Ich werde weitergehen und die Worte den Elementen, dem Kreislauf der Zeit überlassen.

Ein großer Schmerz überfällt mich. Ist alles unwiederbringlich verloren? Langsam beginne ich zu verstehen. Ich empfinde die Vergänglichkeit, fühle mich in den Fluss der Zeit eingebunden und versuche ihm zuzustimmen. Ja, so ist es. Das ist die Realität des Todes. Das ist Abschied auf dieser Erde.

Da stehe ich am Wasser und meine Seele steht noch einmal an seinem Grab: „Erde zu Erde", so habe ich gesprochen und so habe ich es auch vollzogen mit einer Hand voll Erde. Die vergängliche Hülle haben wir der Erde übergeben, aber das, was ihn, was Matthias zur Person machte, seinen Geist, seine Seele haben wir bei der Beerdigung Gott übergeben.

Ich spüre einen tiefen Abschiedsschmerz.

Und doch öffnet mir der Blick auf das Meer eine weitere Dimension der Trauer. Auch wenn das Wasser meine sichtbaren Spuren mitnimmt, die Gedanken, die Gefühle, die hinter diesen geschriebenen Worten stehen, die werden nicht gelöscht, die nehme ich mit, die bleiben lebendig in mir.

Auch wenn ich seinen Körper der Erde, dem Kreislauf der Zeit, überlassen habe, so weiß ich ihn gleichzeitig aufgehoben in der Ewigkeit bei Gott. Ich gebe meinem Mann einen Platz in meinem Herzen. So wohnt beides in der Trauer: ein Freigeben und ein Bewahren. Wenn beides beieinander sein kann, dann breitet sich das weite Meer, das den endlosen Himmel spiegelt, in mir aus: Frieden und tiefe Ruhe können einziehen.

In der Liebe trauern bedeutet den geliebten Menschen freizugeben. Liebe, die freigeben kann, ist eine hohe Kunst. Freigeben für ein Leben in neuen Räumen, in einer anderen Welt, in der Ewigkeit. Ich glaube, das ist nur möglich in der Kraft der Liebe. Beides gehört zusammen: Je mehr ich meinem Mann einen Platz in meinem Herzen gebe, desto stärker bekomme ich auch wieder einen Platz in meinem Leben. Und je mehr ich ihn freigeben kann, desto freier werde ich für mein Leben. Desto deutlicher spüre ich, dass auch er mich freigibt für ein Leben ohne ihn. Das ist offenbar ein wechselseitiger Prozess, der im Raum der Liebe geschieht.

In der Liebe trauern bedeutet den geliebten Menschen freizugeben.

Spuren

Es ist Zeit
Spuren in den Sand
zu drücken, malen wie ein Kind
einfach glücklich sein
nach dem Sinn zu suchen
letzte Fragen in die Erde bohren
Zeit, weiterzugehen

Es ist Zeit,
sich umzudrehen
lesen, was das Leben schrieb
fühlen, was das Herz bewegt
zwischen Fingern Sand zermahlen
dem Wind ins Auge sehn
Zeit, zurückzugehen

Es ist Zeit
Sand, zu überlassen
Sehen, wie der Wind darübergeht
Spuren still verweht,
Wasser weiterträgt, Sonne Zeilen löscht
spüren, wie der Schmerz sich löst,
Zeit, loszulassen

Es ist Zeit
Spuren im Herzen
zu tragen, die niemals vergehen
dem Schöpfer aller Zeiten
Leben und auch Sterben
in seine Hände legen
Zeit für Ewigkeit

Jost:
Johanna geht nun schon sechs Wochen zu ihrem Mann auf die Intensivstation. Dort liegt er nach einem schweren Verkehrsunfall im Koma. Manchmal hat sie den Eindruck, dass er auf sie reagiert, dann aber liegt er völlig regungslos da und schaut leer in den Raum. Johanna weiß, dass sie loslassen muss. Vielleicht kann er erst gehen, wenn ich ihn freigebe, überlegt sie.

Heute hat sie sich vorgenommen, ihm das zu sagen. Sie schickt allen anderen Besuch aus dem Zimmer. Dann hält sie seine Hand, schaut ihn an und sagt: „Michael, ich liebe dich so sehr und hätte mir ein langes Leben mit dir gewünscht. Es schmerzt unendlich, dich hier so zu sehen. Warum? Ich habe keine Antwort darauf. Aber Michael, ich möchte dir heute sagen, dass ich dich gehen lassen will, wenn das der richtige Weg für dich ist. Wir hatten eine wunderbare Zeit zusammen und in meinem Herzen hast du immer einen Platz. Danke für alles."

Michael ist noch am selben Tag gestorben. Johanna erzählt mir dieses

Erlebnis später in der Beratung. Ich habe sie dann zwei Jahre in ihrer Trauer begleitet. Der Prozess des Loslassens hat Zeit gebraucht. Aber Johanna strahlte bei aller Trauer immer eine große innere Freiheit aus, wenn sie zum Gespräch kam.

Ganz anders ging es ihren Schwiegereltern. Sie versanken für Jahre in ihrem Schmerz. Alle Erinnerungsstücke an ihren Sohn wurden wie Museumsstücke bewahrt. Nichts gaben sie her, auch nicht an Johanna. Wenn Johanna lachte und sich mit Freunden traf, erntete sie vorwurfsvolle Blicke: Wie kannst du nur, wo Michael doch tot ist. Die Schwiegereltern zogen sich immer mehr zurück. Besuchten keine Feiern mehr. Immer hieß es: „Nein, seit das mit Michael passiert ist, gehen wir nicht mehr aus." Täglich besuchten sie das Grab ihres Sohnes und warfen Johanna vor, dass sie Michael offenbar gar nicht richtig geliebt habe, da sie so selten auf den Friedhof gehe. Als Johanna sich nach zwei Jahren mit einem jungen Mann zum Essen verabredete, bekam sie einen wütenden Brief von ihrem Schwiegervater.

Sicher lieben die Eltern ihren Sohn und es gibt kaum einen schrecklicheren Verlust als den, wenn Kinder sterben. Aber Liebe, die nicht loslassen kann, blockiert den Weg zurück ins Leben. Johanna hat ihrem Mann erlaubt zu gehen und ihm einen Platz in ihrem Herzen gegeben und deshalb ist für sie der Weg nach vorne frei.

Trauerblockade – Liebe, die fehlgeht

Jost:

Liebe, die nicht loslassen kann, die klammert, ist auf Dauer nicht frei für das Leben. Ich habe es schon erwähnt: Oft haben Trauernde Angst, der Verstorbene könnte vergessen werden. Sie setzen alles daran, dass das nicht passiert. Eine Hilfe können dabei Erinnerungstage sein. Bei uns werden beispielsweise am Ewigkeitssonntag im Gottesdienst noch einmal alle Verstorbenen des vergangenen Jahres vorgelesen. Dabei wird für jeden eine Kerze angezündet.

Wenn jedoch der ganze Alltag geprägt ist von Trauer und Erinnerung und dies über Jahre die Beziehungen bestimmt, dann geht die Verbundenheit in der Liebe fehl. Kein Mensch muss, kein Mensch soll ein Leben lang trauern. Dann würden irgendwann alle nur noch trauern, denn die Erfahrung von Verlust macht jeder.

Liebe, die nicht loslassen kann, die klammert, ist auf Dauer nicht frei für das Leben.

Zur Liebe gehört, dass wir loslassen. Das ist sogar schon während des gemeinsamen Lebens so. Ich bin nur frei in der Liebe, wenn ich den anderen nicht gewaltsam an mich binde, etwa mit Erpressung nach dem Motto: Wenn du mich verlässt, dann nehme ich mir das Leben. Oder mit moralischem Druck.

So ist es auch mit der Liebe zu einem Verstorbenen. Der Wunsch, den anderen festzuhalten, ist verständlich. Doch wenn ich innerlich loslasse, dann vertieft es die Liebe.

Dieter wird von seiner Tochter zur Beratung geschickt, weil er sich nach dem Tod seiner Ehefrau Annemarie immer mehr verschließt. Sie hat sich nach 30 Jahren Ehe das Leben genommen. Das hat ihn völlig unerwartet getroffen. „Unsere Beziehung war die beste, die ich mir vorstellen kann. Annemarie war einfach nur spitze, ohne Makel. Ich kann wirklich nichts Negatives über sie sagen. Wir haben uns eigentlich nie gestritten. Und jetzt geht sie einfach so. Ich verstehe es nicht. Ich vermisse sie unendlich", berichtet er. Dabei empfindet er überhaupt keine Wut auf seine Frau, dass sie ihn einfach alleine lässt.

Manchmal kommt er auffallend fröhlich zur Therapiestunde und erzählt von Alltagsdingen, als ob nichts Tragisches geschehen wäre. Sobald wir aber auf den Verlust seiner Frau zu sprechen kommen, wirkt er ratlos und hilflos wie ein kleines Kind.

Seine drei erwachsenen Kinder machen sich Sorgen um ihn und raten ihm, sich nach einer neuen Partnerin umzusehen. Da gibt es aber ein Problem. Dem Vergleich mit seiner verstorbenen Frau hält keine stand. Bei so viel Idealisierung kann jede andere Frau nur hoffnungslos schlecht abschneiden. In seinem Haus hat er seit zwei Jahren alles so belassen, wie es vor dem Tod der Ehefrau war. Er traut sich nicht, etwas zu verändern. Er fürchtet, die Liebe zu Annemarie zu verraten. Dabei hatte sie sogar mal gesagt: Wenn ich sterbe, such dir eine andere, die besser zu dir passt. Das hatte er nicht verstanden und nur gelacht. „Du bist meine Traumfrau", hatte er ihr geantwortet. Sie hatte ihn damals traurig und ungläubig angeblickt. Hat Annemarie schon zu Lebzeiten unter seiner Idealisierung gelitten?

Wahre Liebe bedeutet, einander auch mit den schwachen und dunklen Seiten anzunehmen. Manfred Hausmann hat einen Roman geschrieben mit dem programmatischen Titel: Liebende leben von der Vergebung. Jeder hat Schwächen, macht Fehler, wird schuldig. Da ist kein Raum für Idealisierung.

Wahre Liebe bedeutet, einander auch mit den schwachen und dunklen Seiten anzunehmen.

Aber es ist schwer, eine realistische Sicht auf seinen Partner zu erlangen, wenn man ihn zu Lebzeiten schon auf ein Podest gestellt hat. Dieter gelingt es mühsam, schrittweise, sich den Schattenseiten zu stellen und sich zugleich für eine neue Zukunft zu öffnen.

In einer Sitzung malt Dieter sein Haus der Trauer mit den vier Räumen. Er zeichnet Symbole und Stichworte in die einzelnen Räume entsprechend seiner Erfahrung:

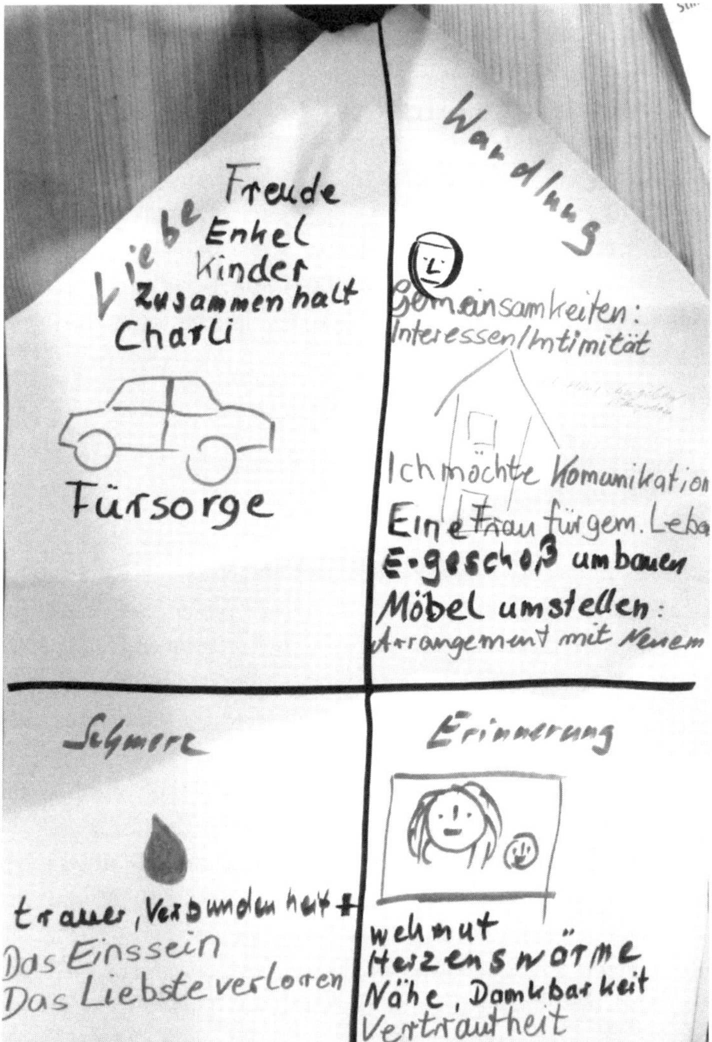

Abbildung 4: Dieter malt sein Haus der Trauer

Dieter hält sich noch häufig in den Räumen des Schmerzes, der Liebe und der Erinnerung auf, aber er traut sich langsam auch in den Raum der Wandlung. Er hat sich jetzt zum Beispiel vorgenommen, Umbauten in seinem Häuschen in Angriff zu nehmen. Auch der Wunsch nach einer neuen Partnerin wächst.

Dieters Tochter hat ihm einen Vorschlag gemacht. Sie hat ihm empfohlen, eine Truhe mit der Aufschrift „Annemarie“ in eine Ecke zu stellen und dort alles hineinzutun, was ihm wichtig ist. Die Liebe zu Annemarie, die Erinnerung an sie braucht ihren Platz. Aber dieser Platz darf nicht sein gesamter Lebensraum sein.

Besinnung – Die Liebe bleibt (Lukas 24,1-12)

Britta:

Im Neuen Testament wird von zwei Frauen berichtet, die beide Maria heißen. Sie sind auf dem Weg zum Grab ihres Freundes Jesus. Er ist gestorben, weil er die Liebe Gottes zu den Menschen bringen wollte. Und nun bringen die Frauen ihre Liebe zum Grab. In der Hand halten sie eine Amphore mit wertvollem Öl. Auch wenn ihr Freund auf furchtbare Weise umgekommen ist, spüren sie unverändert ihre Liebe.

Auch ich mache mich wenige Tage nach dem Tod von Matthias auf den Weg zu seinem Grab. Es ist mir noch fremd. Die Erde ist so kalt, so hart. Die Vorstellung, dass sie den Körper meines geliebten Mannes trägt, erschreckt mich. Was haben wir vor einigen Tagen bei der Beerdigung gesagt: Erde zu Erde, Asche zu Asche, Staub zu Staub. Was aber bleibt? Ich spüre meine Liebe. Ich frage mich: Wie kann ich sie bewahren? Vielleicht ist es die Liebe, die mir irgendwann die Kraft gibt, wieder ins Leben zurückzukehren mit noch tieferer Liebe für das Leben und die Menschen.

Es ist finster. Die Nacht liegt noch über der Stadt. Doch die erste Morgenröte kündigt den neuen Tag an. „Aber am ersten Tag der Woche sehr früh kamen sie zum Grab und trugen bei sich die wohlriechenden Öle, die sie bereitet hatten“ (Lukas 24,1).

Jesus ist tot. Die Bilder vom Kreuz stehen ihnen vor Augen. Es ist erst zwei Tage her. Ihre Gedanken gehen zurück. Sie erinnern sich an wertvolle Begegnungen mit ihm. Jesus hat ihnen geholfen in tiefer Not. Mit ihm tragen sie nun ihre Hoffnungen, ihre Zukunft, ihre Freude zu Grabe.

Auch ich trage meine Zukunft zu Grabe und frage mich: Was ist nun zu einem Ende gekommen? Ich kann noch gar nicht fassen, was geschehen ist. Die Wunde schmerzt. Ein Teil von mir ist mit gestorben.

Die beiden Frauen gehen gebeugt unter der Last ihrer Trauer. Sie legt sich wie ein schwerer Stein auf ihren Rücken. Sie spüren, wie gut es tut, gemeinsam die Last zu tragen.

Ich trage die Last der Trauer und fühle mich tief verbunden mit Menschen, die auch trauern. Wir teilen unseren Weg. Es ist gut, die Liebe anderer Menschen zu spüren.

Die beiden Marias suchen den Gekreuzigten. Sie wollen ihn sehen, ihm ihre Liebe beweisen und seinen gestorbenen Körper salben mit dem besten Öl, das sie auftreiben konnten.

Wie kann ich meine Liebe zu meinem verstorbenen Mann ausdrücken, habe ich mich oft gefragt. Was kann ich tun? Wie kann meine Liebe mich weitertragen, über den Tod hinaus?

Die beiden Frauen machen sich Sorgen über den großen Stein vor der Grabeshöhle. Er ist zu schwer, zu groß für ihre Kraft. Er versperrt ihnen den Weg. Sie fragen sich: Wie sollen wir ihn nur bewegen? Wer kann uns helfen, den Weg der Liebe zu dem Verstorbenen zu finden?

Welche Steine versperren meinen Weg? Was hält mich gefangen? Sind es die Schrecken des Todes? Letzte furchtbare Bilder vom Sterben, die mir nicht aus dem Kopf gehen.

Plötzlich werden die beiden Frauen aus ihren Gedanken gerissen. Ein gewaltiges Beben bewegt die Erde. Der Stein kommt ins Rollen. Die Tür zur Höhle ist offen. „Sie fanden aber den Stein weggewälzt von dem Grab" (Lukas 24,2).

Manchmal sehne ich mich nach einem Zeichen des Himmels. Ich wünsche mir, dass Bewegung in meine Erstarrung kommt.

„Und als sie darüber bekümmert waren, siehe, da traten zu ihnen zwei Männer mit glänzenden Kleidern" (Lukas 24,4).

Engel stehen vor ihnen. Helles Licht geht von ihnen aus. „Sie aber erschraken und neigten ihr Angesicht zur Erde“ (Lukas 24,5). Leben und Tod, das passt doch nicht zusammen. „Was sucht ihr den Lebenden bei den Toten?“, fragen die beiden Engel sie.

Ein Wunder ist geschehen. Das Leben hat den Tod überwunden. „Er ist nicht hier, er ist auferstanden“ (Lukas 24,6). Fürchtet euch nicht. Der Tod ist besiegt. Er hat nicht das letzte Wort. Christus ist auferstanden. Die Frauen haben den Gekreuzigten bei den Toten gesucht und haben das Leben gefunden. Das können sie noch nicht begreifen. Sie müssen darüber sprechen. Hier am Grab können sie nicht bleiben. Sie kehren zurück zu den Jüngern.

Das Leben bricht an. Darauf darf ich hoffen und das glaube ich. Ich brauche den, der nicht mehr hier ist, nicht bei den Toten zu suchen. Er ist in einem neuen Leben bei Gott. Die Liebe verbindet uns über den Tod hinaus, so wie Gottes Liebe uns verbindet über den Tod von Jesus hinaus. Das leere Grab steht für das Leben, die Zukunft.

Ich drehe mich um und gehe wieder zurück ins Leben. Gestärkt, ermutigt und mit der Zuversicht der beiden Marias damals am Grab Jesu.

Anregungen und Tipps

Meine Liebe sieht dich

Britta:
Ich habe gehört, dass Afrikaner sich mit Worten begrüßen, die bedeuten: „Ich sehe dich.“ Ein sehr schöner Gruß, der den Blick ins Herz meint, viel mehr als nur eine äußerliche Kenntnisnahme. „Ich sehe dich“ bedeutet: Ich nehme dich wahr. In dieser Übung gleich „sehen“ Sie die liebe Person vor ihrem inneren Auge, erinnern sich an besondere Momente, an typische Gesten, Mimik, Liebhabereien und Eigenarten und notieren alles, was Ihnen einfällt, in einem Büchlein.

Schreiben Sie Ihr eigenes Büchlein der Liebe. Es könnte zum Beispiel den Titel tragen: „Meine Liebe sieht dich.“

Beginnen Sie die Sätze mit den Worten: „Ich sehe dich …"

Ergänzen Sie dann diesen Satz mit den Erinnerungen, die vor Ihrem inneren Auge aufsteigen. Z. B. „… wie du am Fenster stehst und hinaus in den Garten schaust." „… wie du dich an dem ersten frischen Grün im Wald nach dem schrecklich langen Winter freust."

Indem Sie die Seiten füllen und später wieder einmal lesen, spüren Sie den Reichtum bei manchen Erinnerungen. Sie spüren die Liebe, die Sie miteinander verbindet. Unterstreichen Sie das Wort „sehe" oder malen Sie ein Symbol der Liebe hinein (Herz, Stern, eine Sonne …).

Beim erneuten Lesen sprechen Sie statt „Ich sehe dich" „Ich liebe dich". Sie werden dabei erleben, dass die Liebe bleibt, auch wenn sie sich wandelt.

Manche Menschen drücken ihre Gefühle gerne mit Farben aus. Ich habe von einer Trauernden erfahren, dass sie an einem sehr persönlichen Bild malt, dem sie den Titel gegeben hat: „Garten der Liebe". Vielleicht ist das ein Weg für Sie:

Nehmen Sie sich Zeit, Ihren Garten zu malen. Es kann mehrere Tage oder auch Wochen dauern, bis das Bild fertig ist. Es kann immer wieder etwas Neues hineingemalt und ergänzt werden.

Stellen Sie sich vor, Sie gehen durch den Garten Ihrer Liebe.

Lassen Sie Ihren Garten auf dem Papier entstehen.

Lassen Sie sich von Ihrer Fantasie leiten.

Vielleicht helfen Ihnen Bilder anderer Gärten:

Im Rosenbeet blühen Liebe und tiefe Verbundenheit. Traurige Erinnerungen finden wir in der Trauerweide. Zärtlichkeit und Sexualität finden Sie als zarte Früchte an Sträuchern. Disteln und Dornen stehen für mühsame Konflikte und Verletzungen. Ein brachliegendes Beet steht für noch offene Wünsche. Reife Früchte symbolisieren gemeinsam Erreichtes. Der Ackerboden steht für so manche harte Zeit, die man gemeinsam durchstanden hat.

Wenn Sie mögen, können Sie Ihr Bild an einem Platz in der Wohnung aufhängen, der Sie in besonderer Weise mit dem Verstorbenen verbindet.

Raum der Wandlung – Chancen zu neuen Lebensmöglichkeiten nutzen

Britta:

Für den 1. Mai habe ich eine Radtour im Vogelsberg mit meiner Freundin Anse geplant. Wir radeln in einen herrlichen Tag hinein. Die Sonne strahlt, der Himmel ist blau und der Raps blüht. Anse hat ihren Mann Johannes Nitsch nur wenige Jahre vorher plötzlich nach kurzer, schwerer Krankheit verloren. Johannes und Matthias waren gute Freunde und beide sind fast im selben Alter gestorben. Nun sind wir verwitwet zurückgeblieben und fühlen uns in tiefer Freundschaft und gerade auch in unserem Schmerz verbunden. Dieser Tag soll nur uns gehören.

Wir fahren die Strecke, die ich so sehr liebe und die ich mehrfach mit Matthias gefahren bin. Es ist schwer, doch mit Anse an meiner Seite ist auch das wieder ein Schritt auf dem Weg zur inneren Heilung und zu einer neuen Ganzheit. Im letzten Jahr hatte ich mein Leben aufgeteilt empfunden in „Tag und Nacht", in „Schwarz und Weiß". Doch nun, ein Jahr später, spüre ich, dass sich der blaue Himmel wieder öffnet, der Raps an meinem Weg gelb leuchtet, der Flieder blüht, und ich bin zutiefst berührt, dass Farben wieder ins Leben zurückkehren. Kleine Kostbarkeiten am Rande nehme ich viel bewusster wahr. In der mit Anse geteilten Trauer wird nicht nur das Blau des Himmels tiefer, sondern auch unsere Freundschaft.

Farbe der Trauer

Ein blauer Tag,
in den wir radelnd fliegen
Voll Raps
und Fliederduft

Gemeinsam
innehaltend

mischt Trauer
ihre Farbe
Gibt unserem Tag
ein tieferes Blau

Lebensmut und Hoffnung ziehen nun in mein Trauerhaus ein. Immer häufiger erlebe ich unbelastete Momente, in denen ich auch wieder lachen kann. Bereits in den anderen Räumen habe ich diese Momente erlebt, sie blitzten kurz auf und verschwanden wieder. Aber da hatten sie mich eher irritiert. Doch nun erlebe ich Freude nicht mehr als einen Verrat. Sie kann neben der Trauer stehen.

Im Raum der Wandlung geschieht eine innere Wandlung ins Leben hinein. Aufgabe in diesem Raum ist es, sie zuzulassen und sie anzunehmen.

Werte wandeln sich

Ich bin wieder mal unterwegs mit meinem Fahrrad, jetzt an der Ostsee, in Heiligendamm. In meinen Rucksack packe ich eine Flasche Wasser und ein Buch, denn ich will die Zeit am Strand ausnutzen und etwas Sinnvolles tun. Das angefangene Buch möchte ich weiterlesen.

Ich fahre die Küste entlang, bis ich ein schönes Plätzchen finde, setze mich in den Sand und will mein Buch rauskramen, da kommt mir plötzlich der Gedanke: Warum musst du eigentlich gerade jetzt lesen, wo du hier am Meer bist? Daraufhin lege ich das Buch zur Seite, setze mich in den Sand und schaue aufs Meer, warte mit offenen Augen, was der nächste Moment mir schenkt. Ich nehme das Rauschen des Meeres wahr, den Sand zwischen meinen Zehen. Zufrieden und erfüllt radle ich wieder zurück.

In der Gegenwart leben, den Moment ganz auskosten, ja, das möchte ich lernen. Die Erfahrung des Todes lehrt mich, manche Prioritäten anders zu setzen. Wir haben eben nicht die Zeit, Dinge in alle Ewigkeit aufzuschieben. Heute, hier und jetzt gilt es zu leben. Diese Kunst lerne ich mehr und mehr.

„Die Gegenwart ist der Punkt, in dem die Ewigkeit die Zeit berührt."

Der bekannte Literaturprofessor und Autor C. S. Lewis hat einmal gesagt: „Die Gegenwart ist der Punkt, in dem die Ewigkeit die Zeit berührt."[24] Wenn ich einen kostbaren Moment intensiv wahrnehmen und mich beschenken lassen kann, dann kommt es mir vor, als fällt ein Hauch Ewigkeit in die Zeit.

Ich bin durch meine Innenräume gewandert, bin an meine Grenzen gestoßen und habe am Abgrund des Schmerzes gestanden. In allen meinen Gefühlen bin ich nun zu Hause. Das hat meine Seele verändert. Viel deutlicher als bisher empfinde ich meine persönlichen Grenzen, weiß, was mir guttut und was nicht.

Teppich der Freundschaft

Ein Jahr nach Matthias' Tod habe ich meinen 50. Geburtstag gefeiert. Von meinen Freunden habe ich mir einen handgewebten Teppich gewünscht. Dazu war ich einige Wochen vor der Feier mit Inge und Bettina zu einer Weberei ins Hinterland gefahren. Wir sahen, wie aus einem Stück verfilzter unansehnlicher Schafwolle ein warmer, kuscheliger Teppich entsteht, der nun vor meinem Bett liegt.

Der Vorgang des Webens ist ein faszinierender Prozess. Über die Walze legen sich ganz feine Fäden wie ein feiner Flaum. Wir staunten, wie empfindsam und zart diese Fäden sich miteinander verbinden und dann am Spinnrad zu einem festen Garn gesponnen werden. Der Webstuhl selbst wirkte auf mich wie eine Orgel, die von einem Künstler gespielt wird. Mehrere Pedale für die Füße sorgen für die Führung der Fäden. Es überraschte mich zu hören, dass der Weber etwa eine Woche Zeit benötigt, um den Webstuhl so einzustellen und vorzubereiten, dass das Muster seiner Wahl entstehen kann.

Was wir dort erlebten, geht weit über die Herstellung eines Wollteppichs hinaus: Unser Leben, unsere Beziehungen sind wie eine Weberei, musste ich denken. Wir spinnen feine Fäden zueinander und weben an unserem speziellen Muster. Jeden Morgen, wenn ich aufstehe, setze ich nun meine Füße auf den „Teppich der Freundschaft" und fühle mich verbunden mit meinen Freunden.

Freundschaft und Beziehungen sind mir ungemein wertvoll geworden. Bereits während der Erkrankung von Matthias waren liebe Freunde an unserer Seite. Es gibt allerdings auch Freundschaften, die nach einer Verlusterfahrung zu Ende gehen oder abgebrochen werden. In jedem Fall ordnen sich Beziehungen neu, werden neu gestaltet. An alte Freundschaften wird angeknüpft, andere werden intensiviert und gewinnen an neuer Bedeutung. Mit einem Mal standen mir auch Menschen nahe, die mir bisher nicht so vertraut waren.

Das Netz oder der „Teppich der Freundschaft und der Familie" hat mir Halt und Stütze gegeben. Liebevolle Beziehungen sind so kostbar im Leben. Dafür möchte ich weiter leben.

Teppich der Freundschaft

Ein Stück vom Teppich
ein Platz im Herzen
unsere Freundschaft trägt.
Gibt mir das Gefühl,
dass sich was bewegt.
Ein Geschenk von Gott

Wir haben den Sommer gelebt
mit Fusseln im Kopf
den Himmel gestürmt,
Wir haben Ideen gesponnen
uns auch verstiegen;
still und besonnen
den Faden gefunden
Geschichte geschrieben

Haben uns in Freundschaft verbunden
so herrliche Stunden.
Wie gut, dass es euch gibt

Wir haben den Winter erlebt
im finsteren Tal
mit Matthias gebangt
Ihr habt uns Wärme gegeben
am dünnen Faden
sein Leben nur hing
ihr habt ihn gehalten
bis er von uns ging
Du wolltest einfach nur reinhören.
und du ihn ins Kino entführn.
Wie gut uns das tat.

Wir haben am Muster gewebt
im Auf und im Ab
den Faden geführt
Wir haben Klänge gesammelt
Farben und Worte
ins Leben gerufen.
Nichts geht verloren,
was die Seele berührt
Wir bleiben als Christen verbunden
und weben weiter;
der rote Faden läuft mit.

Regenbogenerfahrung: Ich lebe weiter

Immer häufiger gibt es Momente, die hell und unbeschwert sind, und sie irritieren mich nicht mehr. Vielleicht kann man diese Erfahrung so zusammenfassen: „Du bist gestorben und ich lebe weiter." Ruthmarijkie Smeding beschreibt diese Momente[25] als Regenbogenzeiterfahrungen.

„Die Regenbogenzeiterfahrungen zeigen, sei es manchmal auch nur für einen Augenblick, dass es gehen wird. Manchmal reicht bereits der Gedanke, dass der andere nun zumindest nicht mehr leiden muss, um Erleichterung zu fühlen. Man merkt, dass man sein Leben zumindest hier und jetzt leben kann. Für einen kurzen Moment kann man sogar alles verstehen. Es gibt Momente, in denen es ist, als würde eine Sternschnuppe vom Himmel fallen. Dies sind schöne Augenblicke, in denen man sich fast schon ein wenig euphorisch fühlt. Doch direkt danach fragt man sich, ob das denn wirklich sein kann oder ob man sich alles nur einbildet."[26]

Die Regenbogenerfahrungen lassen sich in dem Satz bündeln: Ich lebe weiter. Und gleichzeitig spüre ich die Tragweite des Satzes: Du bist gestorben. Beides kann gleichzeitig sein. Das konnte ich zunächst nicht glauben, jetzt wächst es mehr und mehr zu einer Lebenshaltung.

Das kleine Bindewort „und" ist der Schlüssel: Du bist gestorben und ich lebe weiter. Es löst die Spannung des „Entweder-oder", in dem ich mich bisher eingerichtet hatte. Ich merke, dass ich die Verlusterfahrung immer mehr in mein Leben integrieren kann. Wenn ich bisher gewohnt war, die Trauer abzulegen, um die Alltagsaufgaben zu bewältigen, geht sie jetzt in verwandelter Gestalt mit. Sie ist eben auch möglich in den hellen Momenten des Lebens und verbindet mich mit meinem verstorbenen Mann.

Im Raum des Schmerzes hatte ich es noch als unangemessen oder schon fast peinlich empfunden, wenn mich ein froher Gedanke berührte. Nein, nichts sollte mich aus dem Schmerz lösen. Manchmal stellten sich sogar Schuldgefühle ein, wenn ich in Versuchung stand, zu lachen oder einfach wieder Freude am Leben zu haben. Diese Momente haben mich damals sehr verunsichert.

Eine persönliche „Regenbogenerfahrung" war die Hochzeit von Sarah, unserer zweiten Tochter. Ich wünschte mir so sehr, dass wir ein fröhliches Fest feiern könnten. Doch gerade an diesem Tag würden wir alle den Verlust von Matthias in besonderer Weise spüren. Auf der Suche nach einem Beitrag als Brautmutter kam mir der Gedanke an einen großen Schirm in den Farben des Regenbogens. Damit wollte ich an Psalm 91,1 erinnern, in dem es heißt: „Wer unter dem Schirm des Höchsten sitzt und unter dem Schatten des Allmächtigen bleibt, der spricht zu dem Herrn: Meine Zuversicht und meine Burg, mein Gott, auf den ich hoffe."

Die Farben des Regenbogens sollten auf den Segen Gottes hinweisen, der nun über der Ehe von Sarah und Paul stehen soll. Unter dem Regenschirm haben wir mit allen Gästen einen kleinen Chorus gesungen, zu dem Anna, unsere Älteste, die Melodie und ich den Text geschrieben haben:

Schirm

Über euch
geht auf
der Schirm
des Herrn.

Liebe sei
das Dach
für euch

Freude sei
das Dach
für euch

Farbe sei
das Dach
für euch

Segen sei
das Dach
für euch

Frieden sei
das Dach
für euch

Glaube sei
das Dach
für euch

ihr seid
reich
bedacht

Ich habe das Gefühl, als seien meine Sinne nach der Erfahrung im Raum des Schmerzes viel sensibler geworden. Nie habe ich den Frühling so intensiv erlebt: das frische, erste Grün an den Bäumen, die Regentropfen auf meiner Haut, die blühenden Magnolien, die rosazarte Apfelblüte. Ich sehe, höre, schmecke, rieche, fühle. Ich spüre das Leben mit allen meinen Sinnen und damit spüre ich mich selbst wieder. Hin und wieder gehe ich in Kunstausstellungen und erlebe, wie mich Formen und Farben, Licht und Schatten ansprechen und mich innerlich berühren. Jedes Mal fühle ich mich beim Betrachten von Skulpturen im Kontakt mit dem Kunstwerk sehr lebendig.

Das ist die Aufgabe im Raum der Wandlung, immer mehr den Tod des lieben Menschen zu integrieren und sich zugleich Schritt für Schritt wieder dem Leben zuzuwenden.

Im Raum der Wandlung denke ich an Thomas, der 44 Jahre alt ist. Zwei Jahre nach dem Tod seiner Frau hat er eine neue Partnerin kennengelernt. „Ich weiß gar nicht, ob ich wieder lieben kann, ob das so schnell geht. Ich bin total verunsichert,“ sagte er mir eines Tages. Es ist so, als brauche man tief innen die Erlaubnis, wieder zu lieben und das Leben zu genießen.

Das ist die Aufgabe im Raum der Wandlung, immer mehr den Tod des lieben Menschen zu integrieren und sich zugleich Schritt für Schritt wieder dem Leben zuzuwenden.

Jost:

Ja, sich wieder dem Leben zuwenden, das ist das Ziel des Trauerprozesses. Kein Mensch muss ein Leben lang trauern, sage ich meinen Patienten, wenn sie Schwierigkeiten haben, ihre Trauer loszulassen.

Sigmund Freud betonte das, als er 1913 schrieb: „Die Trauer hat eine ganz bestimmte psychische Aufgabe zu erledigen, sie soll die Erinnerungen und die Erwartungen der Überlebenden von den Toten ablösen.“[27]

Das Ziel von Trauer kann wie bei jedem Abschied nur sein, loszulassen, was bindet, was eine weitere Entwicklung blockiert, und der Zukunft eine Chance zu geben. So kann ich die gemeinsame Zeit und die Erfahrungen mit dem verstorbenen Menschen gewinnbringend mit mir tragen.

In der Tat empfinden viele Trauernde, besonders nach dem Verlust eines sehr nahestehenden Menschen, dass sie den Verstorbenen verraten, wenn sie sich dem Leben wieder zuwenden und gar Freude erleben. Gerade wenn sich eine neue Beziehung anbahnt, spüren sie einen Konflikt, einen Bruch der Loyalität mit dem Verstorbenen. Manchmal allerdings ist es nicht der Betroffene selbst, sondern sind es die Menschen um ihn herum, die Veränderung nicht zulassen möchten.

Heiner verlor seine junge Frau an einer Gehirnblutung kurz nach der Geburt des zweiten Sohnes. Jetzt stand er mit zwei kleinen Kindern und einem großen Bäckereibetrieb alleine da. Er drohte in Depressionen zu versinken, wenn da nicht Birgit, eine seiner besten Mitarbeiterinnen, gewesen wäre, die ihn aufmunterte. Birgit kümmerte sich rührend um die Kinder von Heiner und, wo es ging, um seinen Haushalt. Nach und nach entwickelte sich eine Liebesbeziehung zwischen den beiden. Einige Monate nach dem Tod der Ehefrau zog sie dort ins Haus. Nach einem Jahr heirateten sie. Doch im Dorf wurde geredet. Muss Heiner so kurz nach dem Tod seiner Frau sich gleich wieder in eine andere vergucken? Kann der nicht mal richtig trauern? Hat das womöglich schon zu Lebzeiten seiner Frau angefangen? Das ist der Verstorbenen gegenüber nicht fair, sich so schnell mit einer anderen zu trösten. So und ähnlich kursierte das Gerede im Dorf. Dahinter steht die Auffassung, durch neue emotionale Bindungen verrate man die Bindung zur verstorbenen Person.

Für Heiner ist diese Ehe ein Segen. Er bekam noch eine Tochter mit Birgit. Gemeinsam hält man in der Familie die Erinnerung an die Verstorbene in Ehren und spricht respektvoll und würdigend von ihr.

Nicht selten sind es aber auch die eigenen Kinder, die eine neue Bindung des hinterbliebenen Elternteils misstrauisch betrachten. Sie wollen ihrer verstorbenen Mutter treu bleiben und empfinden einen Loyalitätskonflikt, wenn Vater eine andere Frau ins Haus bringt. Sie stehen ihr ablehnend gegenüber und fühlen sich berufen, dadurch das Andenken und die Ehre der Mutter aufrechtzuerhalten.

Dahinter steckt oft die Angst, die Verstorbene zu missachten, die Erinnerung an sie und ihre Wertschätzung zu vernachlässigen.

Therapeutisch ist es wichtig, den Betroffenen zu vermitteln, dass beides seine Berechtigung hat: die Verstorbene in Ehren zu halten und die Erinnerung an sie lebendig zu halten, aber auch dem Neuen eine Chance zu geben. Beides in eine gute Balance zu bringen, das ist die Kunst. Und in aller Regel ist das auch ganz im Sinne der Verstorbenen.

Ich entdecke neue Möglichkeiten

Britta:

„Wo geht es bloß lang? Welches ist der richtige Weg?" Ich bin zu Fuß unterwegs und weiß wieder mal nicht so recht, wo ich abbiegen soll. Matthias hatte einen sehr guten Orientierungssinn. Ich habe mich immer auf ihn verlassen. Er fand sich schnell zurecht, ob im Wald oder in der Großstadt. Ich muss das nun mühsam lernen, wenn ich allein unterwegs bin. Zum Glück gibt es ein Navigationsgerät für den Straßenverkehr. Darüber bin ich froh. Aber auf den Radwegen muss ich oft die Karte zur Hand nehmen und den Weg suchen. Inzwischen klappt es immer besser. Lange Zeit hatte ich diese Aufgabe an meinen Mann delegiert: Er war dafür zuständig, dass wir den Weg finden. So geht es sicher auch anderen Paaren, die im Laufe einer langen, engen Partnerschaft bestimmte Aufgaben und Zuständigkeiten aufteilen. Bewusst oder auch unbewusst delegieren sie Dinge an den Partner. Man gewöhnt sich daran, dass der andere dieses oder jenes erledigt, und die eigene Kompetenz und Fähigkeit dafür wird nicht gefordert.

Nach dem Tod des Partners müssen die abgetretenen Aufgaben wieder zu eigenen Möglichkeiten werden. Verena Kast beschreibt diese Phase der Neuorientierung: „Voraussetzung dafür ist, dass der Verstorbene nun eine ‚innere Figur' geworden ist; sei dies, dass der Trauernde den Verstorbenen als eine Art inneren Begleiter erlebt, der sich auch wandeln darf, sei es, dass der Trauernde spürt, dass vieles, was dieser zuvor in der Beziehung gelebt hatte, nun seine eigenen Möglichkeiten geworden sind."[28]

So stellen Hinterbliebene mitunter fest, dass sie handwerkliche Fähigkeiten haben, was sie bisher nicht von sich gedacht hatten. Andere entdecken ihre künstlerischen, kommunikativen Fähigkeiten, die sie bisher nicht nutzen konnten oder mussten.

Jost:

Es gibt durchaus die Erfahrung, dass man nach dem Tod eines nahen Menschen neue Lebensbereiche entdeckt, die vorher verschüttet waren. Manchmal haben es die Umstände nicht zugelassen, bestimmte Seiten zu leben.

Ich denke an Frieda, die 45 Jahre verheiratet war, bis ihr Mann Armin relativ plötzlich an einer Herzerkrankung starb. Armin war Pastor. Frieda hatte ihr Leben so eingerichtet, dass sie ihm den Rücken freihielt für seine vielen beruflichen Tätigkeiten und privaten Hobbys. Zugleich arbeitete sie ehrenamtlich in der Gemeinde mit: Kindergottesdienst, Frauenstunde. Ihre drei Kinder erzog sie mit strenger Disziplin, damit Armin in Ruhe seiner Arbeit nachgehen konnte. Diese bestand weitgehend darin, in seiner umfangreichen Bibliothek in Büchern zu studieren. Dafür brauchte er Ruhe. Kinder waren da eher störend. Gerne hätte Frieda mal einfach nur gefaulenzt und im Urlaub in der Sonne gelegen. Aber mit

Armin musste immer etwas Sinnvolles unternommen werden. Sicher, Frieda hatte durch Armin einiges von der Welt gesehen, aber selten konnte sie das Leben unbeschwert genießen. Der Urlaub wurde immer mit etwas Nützlichem verbunden: Bibelkurs, Studienreise oder Kneippkuren. Auf dem Liegestuhl, wenn er überhaupt mal die Muße dazu fand, las Armin theologische Bücher und setzte sich kritisch mit den Zeitströmungen auseinander. Schrieb Leserbriefe und Kommentare. Frieda identifizierte sich schließlich mit Armin und las ebenfalls Sachbücher im Urlaub. Aber richtig entspannend fand sie es nicht.

Nach dem Tod von Armin staunten Friedas Kinder nicht schlecht: Ihre Mutter entdeckte plötzlich Seiten an sich, die sie von ihr nicht kannten. Drei Monate nach Armins Tod fuhr sie mit ihrem Sohn und ihrer Schwiegertochter nach Lissabon und genoss die Tage dort in vollen Zügen. Sie bummelte durch Geschäfte. Sie lag am Strand und entspannte sich in der Sonne. Sachbücher waren gar nicht mehr in ihrem Gepäck. Abends erfreute sie sich an einem Glas Wein. Armin hatte Alkohol verabscheut. Frieda probierte Portwein und konnte mit ihren Kindern abends noch richtig angeregt sein. Auch kleidete sie sich jetzt attraktiv und geschmackvoll. Sie wirkte um zehn Jahre jünger. Armin hatte es sich immer eher grau in grau und unauffällig gewünscht. Das hatte seiner fehlenden Lebensfreude ja auch irgendwie entsprochen. Frieda ging jetzt auch ins Theater, Konzerte, Opern, Musicals und konnte es sichtlich genießen. Das hatte Armin alles als sinnlose Zerstreuung abgelehnt. Nach seinem Tod lebte sie frei nach dem Motto „Entdecke die Möglichkeiten“. Auch dazu kann die Wandlung im Rahmen der Trauer führen.

Mein Leben bekommt wieder Zukunft

Britta:

„Britta, ich habe heute in der Zeitung eine Ausschreibung für eine interessante Stelle im Dekanat Wetterau gelesen. Kennst du jemanden, den das interessieren könnte?“, so die Stimme von Waltraut am Telefon. Mir ist sofort klar: Das ist was für mich. Schon seit einiger Zeit beschäftigt mich der Gedanke an eine berufliche Veränderung. Ich wollte gern in der Kirche, nah am Menschen arbeiten. Jetzt ist die Gelegenheit gekommen. Ich beschließe mich zu bewerben. Allein die Tatsache, dass ich meine Unterlagen zusammensuche, eine Bewerbungsmappe anfertige und mich mit dem Stellenprofil beschäftige, beflügelt mich schon. Ich habe das Gefühl, mein Leben wieder aktiv zu gestalten und in die Hand zu nehmen. Tatsächlich bekomme ich die Stelle. Seitdem bin ich Bildungsreferentin im Dekanat Wetterau. Durch meine berufliche Neuorientierung erhielt ich eine Zukunftsperspektive. Was ich mir noch vor drei Jahren nicht hatte vorstellen können, ist nun Wirklichkeit geworden.

Im Raum der Wandlung bekommt die Zeit ihre Zukunft zurück.

Im Raum der Wandlung bekommt die Zeit ihre Zukunft zurück.

Beim Eintritt ins Trauerhaus hatten wir kaum für möglich gehalten, dass sich noch einmal etwas ändern würde. Im Raum der Erinnerung waren wir durch die Vergangenheit gewandert und hatten den Blick zurückgerichtet. Wir waren auf der Reise durch unsere Innenwelt, haben uns zurückgezogen und wenig den Kontakt nach außen gesucht.

Nun jedoch öffnen sich Zukunftsperspektiven. Wir beginnen zu planen oder auch Dinge zu ändern.

Andere Trauernde haben mir häufig erzählt, dass sie ihren Wohnsitz geändert haben. Sie haben sich neu eingerichtet, nun ganz nach ihrem Geschmack und ihren Vorlieben. Andere haben die Möbel in ihrer Wohnung umgestellt.

Im Raum der Wandlung werden Trauernde aktiv und bereit, etwas Neues zu beginnen. Manche Menschen engagieren sich gerade an der Stelle, die ihnen selbst in der Krankengeschichte oder Sterbebegleitung wichtig und wertvoll geworden ist: z.B. in der Begleitung von Krebskranken, der Hospizarbeit, der ambulanten Pflege vor Ort, im Besuchsdienst einer Kirchengemeinde.

Nach dem Amoklauf in Winnenden haben sich die Eltern der getöteten Kinder zusammengetan und eine Initiative zur Prävention von Gewalt an Schulen gegründet.

Jost:
Ich denke an die bekannte Stefan-Morsch-Stiftung. Sie betreibt seit ihrer Gründung im Jahre 1986 die erste deutsche Datei für Knochenmark- und Stammzellspender. Ins Leben gerufen hat sie der Vater von Stefan Morsch, der mit 16 Jahren an Leukämie erkrankt war. Stefan Morsch bekam in den 80er-Jahren in den USA unter damals noch erschwerten Bedingungen eine Knochenmarkstransplantation, starb jedoch kurze Zeit später an einer Lungenentzündung.

Stefans Eltern gründeten daraufhin die Stefan-Morsch-Stiftung. Ihr Ziel ist es, durch eine umfangreiche Spenderdatei leukämiekranken Menschen zu helfen, das passende gesunde Knochenmark zu bekommen. Die Stiftung engagiert sich intensiv dafür, die Knochenmarksdatei in Deutschland immer mehr zu erweitern.[29]

So setzte die Familie Morsch den Schmerz über den Tod des Sohnes in Aktion gegen die Krankheit um. „Stefan sollte nicht umsonst gestorben sein", heißt es auf der Homepage der Stiftung.

Am Abend des 12. August 2006, wenige Stunden vor dem Ende des Libanonkrieges, starb der israelische Soldat Uri zusammen mit drei seiner Kameraden durch eine Rakete der Hisbollah. Vier Jahre später erhält Uris Vater, David Grossmann, den Friedenspreis des Deutschen Buchhandels für sein leidenschaftliches Engagement zur Aussöhnung zwischen Israelis und Palästinensern. In einer beeindruckenden Rede anlässlich der Preisverleihung spricht er über den Tod seines Sohnes und den Weg der Versöhnung. Er gibt seiner persönlichen und der kollektiven Trauer eines ganzen Volkes eine literarische Stimme: „Am Abend des 12. August 2006, wenige Stunden vor dem Ende des Krieges, starb mein Sohn Uri zusammen mit den drei Männern seiner Panzerbesatzung durch eine Rakete der Hisbollah.

Gerne würde ich Ihnen von Uri erzählen, aber das kann ich nicht. Nur so viel: Stellen Sie sich einen jungen Mann am Anfang seines Lebensweges vor, mit all seinen Hoffnungen, seinem Feuer, seiner Lebensfreude, mit der Arglosigkeit, dem Humor, den Wünschen eines jungen Mannes. So war er. Und so waren Tausende und Abertausende anderer Israelis, Palästinenser, Libanesen, Syrer, Jordanier und Ägypter, die ihr Leben in diesem Konflikt verloren haben und weiterhin verlieren.

Einen Tag nach dem Ende der Trauerwoche kehrte ich an den Schreibtisch zurück und schrieb mein Buch weiter. Wenn einem Menschen ein Unglück widerfährt, hat er das Gefühl, im Exil zu sein. Er wurde vertrieben von allem, worauf er früher vertraute und baute, von allem, was er glaubte, von der gesamten Geschichte seines Lebens.

Plötzlich ist für ihn nichts mehr selbstverständlich. Für mich war die Rückkehr zum Schreiben nach dem Unglück eine instinktive Reaktion. Ich hatte das Gefühl, das Schreiben könnte der Weg sein, auf dem ich – in gewissem Sinne – aus dem Exil zurückkehren würde. Ich kehrte zum Schreiben zurück. Zurück zu meiner Geschichte, die auf merkwürdige Weise einer der wenigen Orte in meinem Leben war, die ich noch verstehen konnte. Ich setzte mich an meinen Schreibtisch und begann, die zerrissenen Fäden in meiner Geschichte wieder miteinander zu verknüpfen."[30]

Auch das kann eine Aufgabe im Raum der Wandlung sein: die zerrissenen Fäden der eigenen Geschichte wieder miteinander zu verknüpfen und Wege der Versöhnung zu finden.

Auch das kann eine Aufgabe im Raum der Wandlung sein: die zerrissenen Fäden der eigenen Geschichte wieder miteinander zu verknüpfen und Wege der Versöhnung zu finden.

Das Geheimnis der Wandlung

Britta:

Ich denke gerne in Bildern. Manche Zusammenhänge werden mir dadurch plastisch und deutlich. Das Bild, wie die Raupe sich zum Schmetterling wandelt (siehe S. 9), finde ich grandios. Denn genau so geschieht die Wandlung im Trauerprozess. Sie braucht ihre Zeit und jeder Trauernde muss den Weg alleine gehen, bereit sein zur Veränderung und Kraft entwickeln, in neue Lebensräume zu treten.

Jost:

Wann endet die Trauer? Es gibt darauf keine allgemeingültige Antwort. Untersuchungen zeigen, dass weniger als die Hälfte aller Witwen nach einem Jahr wieder „sie selbst" sind.[31] Viele Witwen brauchen drei bis vier Jahre, um ihr Leben so zu stabilisieren, dass sie hoffnungsvoll in die Zukunft schauen. Aus meiner therapeutischen Erfahrung würde ich sagen, dass das Trauerjahr seinen tiefen Sinn hat. Ohne dass man alle vier Jahreszeiten mit ihren verschiedenen Gedenktagen durchlaufen hat, kann man selten von abgeschlossener Trauerarbeit sprechen. Ich rede mit meinen trauernden Klienten vor Geburtstagen, Hochzeitstag, Weihnachten und Ostern darüber, wie sie diese Zeit jetzt ohne Partner gestalten wollen. Denn diese speziellen Tage sind oft stark emotional besetzt und wühlen heftige Gefühle auf. Daher ist es hilfreich, vorab zu planen, wie man sie begehen will.

Ohne dass man alle vier Jahreszeiten mit ihren verschiedenen Gedenktagen durchlaufen hat, kann man selten von abgeschlossener Trauerarbeit sprechen.

Monika und Jürgen zum Beispiel laden jedes Jahr am Geburtstag ihres verunglückten Sohnes gemeinsame Freunde ein, die Julian seit seiner Kindheit kannten.

Trauer kann und soll in gewissem Sinne ein Ende finden. Aber alles, was danach kommt, ist anders und nicht wieder so wie vorher. Und deshalb wird es immer Momente geben, in denen einen Traurigkeit überfällt. Der Unterschied zur pathologischen, zur krankhaften Trauer ist, dass diese Traurigkeit nicht das ganze Leben beherrscht. Dann würde aus Trauer eine echte Depression.

Trauerblockade – Gefahren im Prozess der Wandlung

Jost:

Blockaden im Raum der Wandlung können sich einstellen, wenn der Hinterbliebene die Bindung an den verstorbenen Menschen so stark aufrechterhält, dass neue Bindungen überhaupt keine Chance bekommen.

Aber es gibt auch das Gegenteil, dass der Raum der Wandlung zu schnell betreten wird und die Räume des Schmerzes, der Erinnerung und der Liebe kaum oder im Eilverfahren durchschritten werden. Manche Menschen stürzen sich nach dem Verlust eines Angehörigen sofort voll in die Bewältigung des Alltags oder des Berufs, um Trauer gar nicht erst aufkommen zu lassen. Bei Männern ist das häufiger als bei Frauen der Fall. Sie verdrängen die unangenehmen Gefühle und flüchten sich in verschiedene Aktionen.

Innerhalb von sechs Wochen nach dem Tod ihres Mannes verkaufte Charlotte das gemeinsame Haus, gab alle Möbel und das Geschirr weg, brachte seine Kleider zum Roten Kreuz und mietete sich eine Zweizimmerwohnung, die sie komplett neu einrichtete. Freunde rieben sich verwundert die Augen, wie schnell sie zu einem neuen Lebensabschnitt überging. Sie bewunderten ihre Tatkraft, aber irgendwie war es ihnen auch ein bisschen unheimlich.

Oft berichten solche Menschen Jahre später, wenn sich psychische Probleme wie Angststörungen oder Depressionen einstellen: „Ja damals, als mein Mann starb, da habe ich gar nicht richtig getrauert."

In der Psychotherapie versuche ich dann mit dem Betroffenen an die zunächst verdrängten Trauergefühle heranzukommen. Wir beschreiten die verschiedenen Räume der Trauer, bis wir im Raum der Wandlung angekommen sind. Man kann verdrängte Trauerarbeit auf diese Weise nachholen. Wichtig ist, dass die Trauergefühle auf den Tisch kommen. Das ist manchmal harte Arbeit. Wenn es gelingt, die damals unterdrückten Gefühle zuzulassen und darüber zu sprechen, bessern sich oft auch die aktu-

Trauern hat seine Zeit, braucht seine Zeit, und gelungene Trauer stabilisiert die Seele.

ellen psychischen Probleme. Trauern hat seine Zeit, braucht seine Zeit, und gelungene Trauer stabilisiert die Seele.

Anregungen und Tipps

Britta:

Neues lernen

Der Gedanke an eine neue berufliche Herausforderung hat mich beschäftigt. Vielleicht haben Sie ähnliche Gedanken.

Vielleicht gibt es etwas, was Sie schon immer gern lernen wollten, aber dann doch nie versucht haben? Klavier spielen? In einem Chor singen? Spanisch lernen?

Besorgen Sie sich einfach mal unverbindlich Prospekte ihrer Kirchengemeinde, der Volkshochschule oder anderer Veranstalter und schnuppern Sie hinein.

Eine soziale Aufgabe

In Ihrem Wohnort gibt es gemeinnützige Organisationen, die immer ehrenamtliche Helfer suchen (Hospiz, Kinderhort, Pflegeheim, Krankenhaus). Denken Sie auch darüber nach, ob Sie sich an einer Stelle engagieren möchten, die sich mit Tod und Trauer beschäftigt.

Eine solche Aufgabe kann ihr Leben mit Sinn erfüllen.

Prioritäten haben sich geändert

Die Erfahrung des Todes bringt uns dazu, Prioritäten zu überdenken. Deswegen kann es hilfreich sein, eine Liste mit zwei Spalten zu erstellen. In die eine Spalte tragen Sie ein: „Was mir wichtig ist.“ Und in die andere: „Was mir weniger wichtig oder unwichtig ist.“ Sorgen Sie dafür, dass die wichtigen Dinge mehr Gewicht bekommen.

In der Trauer wachsen

Der Weg durch die Räume der Trauer lässt Sie emotional und auch spirituell wachsen. Das kann bedeuten, ein tieferes Mitgefühl und Verständnis für sich selbst und auch für andere Menschen zu bekommen. Denken Sie darüber nach, wie die Trauer Sie stark gemacht hat.

Regenbogen

Der Regenbogen wird häufig als Symbol auf dem Trauerweg verwendet. Wie ein schützendes Dach breitet er sich aus und ist gleichzeitig ein Symbol für die Gegenwart Gottes, für seinen zugesprochenen Segen, unter dem alles Leben steht.

Eine Regenbogengeschichte

„Du hast einen schönen Beruf“, sagte das Kind zu dem alten Brückenbauer, „es muss sehr schwer sein, Brücken zu bauen.“

„Wenn man es gelernt hat, ist es leicht“, sagte der Brückenbauer. „Es ist leicht, Brücken aus Beton und Stahl zu bauen. Die anderen Brücken sind sehr viel schwieriger“, fuhr er fort, „die baue ich in meinen Träumen.“

„Welche anderen Brücken?“, fragte das Kind.

Der Brückenbauer sah das Kind nachdenklich an. Er wusste nicht, ob es verstehen würde. Dann sagte er: „Ich möchte eine Brücke bauen von der Gegenwart in die Zukunft. Ich möchte eine Brücke bauen von einem Menschen zum anderen Menschen, von der Dunkelheit ins Licht, von der Traurigkeit zur Freude. Ich möchte Brücken bauen von der Zeit in die Ewigkeit über alles Vergängliche hinweg.“

Das Kind hatte aufmerksam zugehört. Es hatte nicht alles verstanden, spürte aber, dass der alte Brückenbauer traurig war. Weil es ihn wieder froh machen wollte, sagte das Kind: „Ich schenke dir eine Brücke.“ Und das Kind malte für den Brückenbauer einen Regenbogen.[32]

Regenbogen betrachten

Ich sehe Regenbögen mit anderen Augen, seitdem ich ihnen einen symbolischen Wert gegeben habe.

- Wenn Sie wieder einmal einen Regenbogen am Himmel sehen, halten Sie einen Moment inne.

- Schauen Sie ihn an, folgen Sie dem großen weiten Bogen, den er schlägt. Nehmen Sie die intensiven Farben wahr.
- Stellen Sie sich vor, der Regenbogen sei eine Brücke, die Himmel und Erde verbindet. Diese Brücke verbindet zugleich Traurigkeit und Freude.
- Lassen Sie Ihre Gedanken und Gefühle über die „Brücke" wandern.
- Dann stellen Sie sich vor, der Regenbogen sei ein Dach, unter dem Sie geborgen und geschützt stehen.
- Stellen Sie sich ganz bewusst unter den Segen Gottes und sprechen Sie den Segensspruch: Ich will dich segnen.
- Wenn der Regenbogen seine Farbe verliert und sich langsam wieder auflöst, dann verabschieden Sie sich von ihm. Diese Erfahrung wirkt in Ihren Alltag hinein.

Regenbögen gestalten

Es gibt viele Möglichkeiten, einen Regenbogen zu gestalten: Hier einige Anregungen.

- Nehmen Sie einen großen Bogen Fotokarton und malen Sie einen Regenbogen mit Wasserfarben.
- Oder kleben Sie lange farbige Krepp- oder Papierstreifen in den Farben des Regenbogens auf ein Poster.
- Sie können auch einen Regenbogen mit farbigen Tüchern an einem Ort in Ihrer Wohnung auslegen.
- Schreiben Sie Mut machende Texte in den Regenbogen, Worte, Bibelworte, Gedichte, Segenssprüche. Sie werden Ihnen wieder Farbe ins Leben bringen und Hoffnung. Bauen Sie so Ihre persönliche Brücke zurück ins Leben.

Collage – Meine Zukunft

- Sammeln Sie in der nächsten Zeit Bilder aus Zeitschriften, die Sie besonders ansprechen und bewegen.
- Schneiden Sie diese Bilder aus und sammeln Sie sie in einem schönen Karton.

- Nehmen Sie sich Zeit und stellen Sie mit Ihrem Bildmaterial eine Collage her unter dem Titel: Meine Zukunft.
- Vielleicht fallen Ihnen auch Worte ein, die Ihnen wichtig sind oder auch Symbole, die Ihnen etwas bedeuten.
- Hängen Sie die Collage an einen Ort, an dem Sie das Bild immer wieder ansehen. Bleiben Sie neugierig mit dem Blick darauf, wann sich etwas davon in Ihrem Leben verwirklichen lässt.

Rose von Jericho

Die Rose von Jericho, auch Wüstenrose genannt, ist eine Pflanze, die seit Jahrtausenden die Wüste belebt. Dieses Bärlappgewächs ist von seiner Art her Millionen Jahre alt, heißt es, und einzelne Pflanzen können durchaus ein paar Tausend Jahre alt werden. Die Rose von Jericho wird auch Auferstehungspflanze genannt, weil sie selbst nach langen Trockenphasen mit Wasser wieder zu neuem Leben erwacht.

Die ersten Kreuzfahrer konnten sich nicht erklären, warum ein total verholztes Gewächs nach Jahren wieder blühen kann. Man umschrieb dies Mysterium bald mit dem Namen: Rose von Jericho.

In Pharaonengräbern hat man noch „funktionsfähige" Pflanzen gefunden, die eine Trockenphase von 4000 Jahren überstanden hatten.

Diese Blume kann uns ein Symbol für die Aufgabe der Wandlung sein. Das Ziel jeder Trauer ist Leben, auch wenn es sich gar nicht danach anfühlt.

Besorgen Sie sich eine Rose von Jericho[33]. Nehmen Sie sie vorsichtig in die Hand. Schauen Sie sich die Pflanze an. Was sehen Sie? Eine verdorrte Pflanze, ein trockenes Gestrüpp, rau und stachelig. Wie riecht es? Modrig nach Staub und Erde.

Legen Sie die Rose in eine Schale und gießen Sie etwas Wasser dazu. Beobachten Sie, wie sich die Pflanze langsam öffnet und tatsächlich wieder grün wird. Lassen Sie die Rose so lange im Wasser liegen, wie sie möchten, und freuen Sie sich an der Blüte.

Sie bestimmen das Ende der Blütezeit. Dazu nehmen Sie die Rose aus der Wasserschale und beobachten, wie sie sich langsam wieder zusammenrollt. In der Trockenphase ruht die Wüstenrose wieder lange Zeit.

Ich kenne Zeiten, da gleicht mein Leben dieser Rose. In der ersten Trauer zum Beispiel. Ich erinnere mich, dass ich dachte: Ich kann mir gar nicht vorstellen, dass wieder Leben in mir aufblüht. Ich bin erstarrt, wie vertrocknet. Ziehe mich zurück, fühle mich abgeschnitten von der Lebensfreude, erschöpft, matt. Die Farben sind erloschen. Kein Lied ist auf meinen Lippen, eintönig mein Weg.

Mit nur wenigen Tropfen Wasser blüht die Rose auf. Sie öffnet sich, entfaltet sich. Leben kehrt zurück, Farbe, grün und saftig. Ich berühre die Rose und spüre das Leben. Eine Umarmung, ein Mut machendes Wort, eine kleine Aufmerksamkeit, ein Segenswort. Eine neue Arbeitsstelle.

Das lebendige Wort Gottes, wie ein erfrischender Wasserguss für mich: Ich bin geliebt. Ich bin wertvoll. Ich bin nicht allein. Ich darf leben.

Berührt vom Auferstandenen entfaltet sich mein Leben wieder neu. Es gewinnt an Farbe und Lebendigkeit, an Tiefe und Sinn.

Garten der Sehnsucht – Was darf ich hoffen?

Britta:

Es hat die ganze Nacht geschneit. Heute ist der 5. Januar, der dritte Todestag meines Mannes. In den frühen Morgenstunden breche ich auf, um zum Friedhof zu gehen. Der frisch gefallene Schnee legt eine weiße Decke über die kalte Erde und den Ort Karben. Eine besondere Stille breitet sich über dem Friedhof aus. Ich bin allein. Mit jedem Schritt ziehe ich meine Spur im unberührten Schnee. Am Grab zünde ich eine Kerze an und werde still. Meine Gedanken wandern zurück.

Drei Jahre ist es nun her. Viel habe ich erlebt und die Räume meiner Trauer durchwandert. Damals konnte ich mir ein Leben ohne meinen Mann überhaupt nicht vorstellen. Was sollte mich noch auf der Erde halten? Alles schien abgestorben in mir. Ich sehe noch die vielen Schnittblumen auf dem Grab vor mir. Eigentlich wunderschöne Blüten und doch wirkten sie grausam auf mich. Abgetrennt von ihrer Wurzel, welkten sie der Erde entgegen und waren längst dem Tod übergeben. So fühlte ich mich auch, abgeschnitten vom Leben. Eine ungeheure Sehnsucht meinem Mann zu folgen brach damals bei mir durch. Wollte ich im Nachsterben den Verlust, den Schmerz auflösen? Die Trennung, die sich vor mir auftat, aufheben? Zwischen Todeswunsch und dem Willen zum Leben schwankte ich hin und her. Ich hatte unglaubliche Sehnsucht, meinem Mann nah zu sein.

Am liebsten wollte ich ihn sofort hier und jetzt wiedersehen.

Und heute? Weil mich meine Kinder und Enkelkinder, meine Familie, meine Freunde, viele liebe Menschen und erfüllende Aufgaben im Leben halten, wandelt sich meine Sehnsucht immer mehr in die Hoffnung auf ein Wiedersehen jenseits dieser Zeit. Diese Hoffnung wächst für mich aus der Gewissheit, dass die Liebe größer ist als der Tod. Jesus Christus hat mit seiner Auferstehung den Tod besiegt. Daran glaube ich.

Auf dem Grab streckt eine Christrose ihre Blüte aus der Schneedecke hervor. Wie schön ist diese zarte Blüte im Schnee. Die Christrose zieht ihre

Kraft aus ihren Wurzeln. Sie ist nicht abgeschnitten, sie ist verbunden mit dem Erdreich, das sie nährt. So ist die Christrose mir ein Zeichen neuen Lebens mitten im Winter, angesichts des Todes. Als ich den Friedhof verlasse, fühlte ich mich getröstet.

Wir sind nun das Haus der Trauer mit seinen vier Räumen durchwandert: Wir haben uns geöffnet für den **Schmerz,** ihn angenommen, sind hindurchgegangen. Die **Erinnerung** hat uns dankbar gemacht über das Suchen und Finden, Loslassen und Bewahren, Deuten und Verinnerlichen. Die **Liebe** hat uns das Freigeben gelehrt und wie wir einen Platz für den Verstorbenen in unserem Herzen finden können. Die **Wandlung** hat uns den Weg für die Zukunft vorbereitet.

Aus dem Haus der Trauer treten wir nun hinaus in den Garten der Sehnsucht: die spirituelle Erfahrung von Hoffnung und Ewigkeit. Der Garten hat das Haus der Trauer die ganze Zeit umgeben.

Durch die Fenster leuchtete schon hier und da in die Räume das Licht „himmlischer, ewiger" Wirklichkeit hinein. Diese Hoffnung hat mich in meiner Trauer immer wieder tief getröstet und mir das Gefühl gegeben, in Gottes Hand geborgen zu sein.

Diese Hoffnung hat mich in meiner Trauer immer wieder tief getröstet und mir das Gefühl gegeben, in Gottes Hand geborgen zu sein.

Mit dem Verlust eines lieben Menschen gehen oft zentrale Sinnstrukturen verloren. Viele Trauernde denken über den letzten Sinn des Lebens nach und fragen sich: „Was darf ich hoffen?"

Orte jenseits der Zeit

Britta:

An welchen Ort bist du gegangen?, frage ich mich, wenn ich an meinen Mann denke. Wie kann ich mir diesen Ort vorstellen?

Der Opa der vierjährigen Christine ist gestorben. Wenige Wochen vorher ist ihr kleiner Bruder auf die Welt gekommen. Christine ist bei Opas Beerdigung dabei und fragt die Eltern: „Wo ist der Opa jetzt?" Und gibt sich selbst die Antwort: „Opa ist im Bauch vom lieben Gott." Eine kindliche Vorstellung, ganz nah am Geheimnis von Schwangerschaft und Geburt.

Ich sitze am Strand und schaue hinaus über das Meer, soweit das Auge reicht, bis zum Horizont. Diese magische Linie fasziniert, zieht mich in ihren Bann. Einige Surfer tragen ihre Bretter aufs Wasser und setzen ihre Segel, rote, blaue, gelbe. Sie gleiten über das Meer, kreuzen im Wind. Es ist schön ihnen zuzusehen. Dabei kommt mir der Gedanke: Die Linie des Horizonts ist wie die Todeslinie. Sterben bedeutet über den Horizont segeln. Für den am Ufer Stehenden verschwindet der Segler zwar hinter dem Horizont, aber er ist dennoch weiter da. Ich stelle mir vor, wie mein Mann in seiner Todesstunde hinaussurft auf das offene Meer, sich immer weiter vom Strand, vom Leben entfernt. Wie er über den Horizont hinaussegelt in ein neues Licht, auf ein anderes Ufer zu. Ihn dort zu wissen, das tröstet mich. Mir jedoch bleibt nur die Horizontlinie. Weiter kann ich mit meinen Augen nicht sehen.

Oder ich denke an gemeinsame Wanderungen mit Matthias in den Bergen. Nach mühsamen Kletterpartien, nach gefährlichen Hangwegen und der Suche nach Trittsteinen im Geröll war es immer ein starkes Gefühl, am Gipfelkreuz anzukommen. Das Ziel ist erreicht. Wir haben es geschafft. So ist Matthias nun am Gipfelkreuz seiner Lebensreise angekommen. Er hat sein Ziel erreicht.

Was mir wehtut, ist das Ende vieler Lebensmöglichkeiten. Was ich dagegen immer mehr versuche zu fassen, ist der Gedanke an das Ziel, das er erreicht hat. Vom Ziel, vom Gipfelkreuz her gedacht, bekommt die Trauer eine andere Richtung. Ich möchte den geliebten Menschen freigeben für das ewige Ziel! Dann werde ich weniger das betrauern, was ich verloren habe und mehr das ersehnen, was ich in der Ewigkeit finden werde.

Den geliebten Menschen freigeben für das ewige Ziel! Dann werde ich weniger das betrauern, was ich verloren habe und mehr das ersehnen, was ich in der Ewigkeit finden werde.

Am Ziel

Wenn du dann
deine Augen schließt,
als wenn du schläfst

Deine Seele
aus der Zeit sich löst
bereit zum großen Flug

Fünf Türen
zu deiner Sinnenwelt
in ihren Ursprung fallen

Weiß ich
die eine Tür dir offen steht
Du bist am Ziel

Spirituelle Erfahrung der Hoffnung

Jost:
Wenn ich mit Trauernden spreche, fällt mir auf: Es ist für die meisten kaum vorstellbar, dass der Verstorbene nicht irgendwo in einer anderen Welt ist. Eine Frau, die ihren Mann durch einen Autounfall verloren hatte, sagte mir: „Ich bin absolut sicher, dass Daniel jetzt in einer besseren Welt weiterlebt, in der er gesund ist und in der es ihm gut geht." Diese Frau hat nur eine sehr lockere religiöse Bindung und doch hat sie die Hoffnung auf ein Leben nach dem Tod. Viele Trauernde fragen sich: Was darf ich hoffen? Ist der Tod das Letzte oder kommt da noch etwas? Es ist eine alte religiöse Frage, die in jeder Religion gestellt wird. Auch Kinder stellen sie immer, wenn sie mit dem Tod konfrontiert werden, selbst wenn sie nicht religiös erzogen worden sind.

Manche Menschen erschließen sich trotz offener Fragen in ihrem persönlichen Glauben eine Kraftquelle und fühlen sich auf dem Trauerweg getragen und getröstet. Einige wenden sich aber auch ganz von Glauben und Religion ab.

Oder sie stürzen in tiefe Glaubenszweifel, hadern mit Gott und ringen um ein erneuertes Vertrauen zu ihm. Sie treten eine spirituelle Reise an, auf der Suche nach Antworten, nach Sinn.

Albert Einstein hat gesagt: „Welches ist der Sinn unseres Lebens, welches der Sinn des Lebens aller Lebewesen überhaupt? Eine Antwort auf diese Frage wissen, heißt religiös sein. Du fragst: Hat es denn überhaupt einen Sinn, diese Frage zu stellen? Ich antworte: Wer sein eigenes Leben und das seiner Mitmenschen als sinnlos empfindet, der ist nicht nur unglücklich, sondern auch kaum lebensfähig."

Sinnan, bedeutet so viel wie reisen, unterwegs sein, ursprünglich auch: eine Richtung nehmen, eine Fährte suchen. Somit ist die Frage nach dem Sinn die nach Ursprung und Ziel unseres Lebens überhaupt.

Das kleine Wörtchen Sinn kommt ursprünglich aus dem Mittelhochdeutschen: *sinnan*, was so viel bedeutet wie reisen, unterwegs sein, ursprünglich auch: eine Richtung nehmen, eine Fährte suchen. Somit ist die Frage nach dem Sinn die nach Ursprung und Ziel unseres Lebens überhaupt.

Besonders an Wendepunkten drängt sie sich auf.

Beim Pilgern wird so ein Weg buchstäblich unter die Füße genommen und körperlich erarbeitet. Viele Wanderer zum Beispiel, die auf dem Jakobsweg unterwegs sind, haben einen Verlust erlebt und suchen nach einer Antwort.

Eine Freundin hatte nach dem Tod ihres Mannes die Idee, sich von ihrem Kummer freizulaufen statt zu jammern und in Verzweiflung zu versinken. Durch eine Bekannte war sie auf die Idee gekommen sich eine Auszeit zu nehmen und auf dem Jakobsweg zu pilgern.

Sie hatte immer schon mal vorgehabt zu pilgern. Sechs Monate nach der Beerdigung ihres Mannes nahm sie sich für zwei Monate frei und flog nach Bilbao. Von dort ging es noch eine Strecke mit dem Zug, bis sie in Logrono ihren Pilgerweg begann. „Es tat mir so gut, meine Trauer in Bewegung umzusetzen“, erzählt sie. „Es war mir wichtig, ganz alleine zu pilgern, nur in Begleitung meiner Gedanken und Gefühle, ohne Ablenkung durch andere.“

„Es tat mir so gut, meine Trauer in Bewegung umzusetzen“

Sie lief los, mit viel zu viel Gepäck. Nach drei Tagen schickte sie ein Riesenpaket mit unnötigem Ballast nach Hause. „Das war für mich symbolisch für den Ballast, den ich noch mit mir rumschleppte und jetzt losgeworden bin.“ Sie fühlte sich unbeschwerter und konnte ihren Gedanken besser nachhängen. „Aus der Starre in die Bewegung zu kommen, die Gedanken frei laufen zu lassen und mich nur auf mich selbst zu konzentrieren, das tat mir so gut. Es war für mich eine körperliche Auseinandersetzung mit meiner Trauer. Ich würde es jeder Trauernden raten, die Trauer in Bewegung umsetzen möchte. Dabei sollte man möglichst wenig planen, lieber einfach losfahren und wenig Gepäck mitnehmen. Vier Wochen sind eine gute Zeit für so einen Pilgerweg. Ich habe mir acht Wochen freigenommen, aber ich war viel zu schnell: Nach drei Wochen war ich bereits am Ziel.“

Beim Pilgern gingen ihr viele Gedanken im Kopf herum. „Warum? Und immer wieder die Frage: Warum? Ich habe keine Antwort bekommen. Es gibt auch keine. Ich habe vielmehr auf dem Pilgerweg gelernt, Frieden damit zu schließen, dass es eben keine zufriedenstellende Antwort gibt. Wenn ich zu den Wolken über mir geschaut habe, dann hatte ich ganz stark das Gefühl, da sitzt mein geliebter Mann, schaut zu mir herab und sagt: Das hast du gut gemacht. Ich fühlte mich auf meinem Weg geschützt und getragen. Oft habe ich den Satz von Michelangelo meditiert: ‚Ich bin nicht tot, ich tausche nur die Räume, ich bin in euch und geh durch eure Träume.‘“

In den Pilgerherbergen suchte sie immer zuerst die Kapelle auf und saß dort lange in der Bank, in ihre Gedanken versunken. Sie war eigentlich nicht besonders religiös. Aber auf dem Pilgerweg dachte sie neu über Gott und den Glauben nach. Wenn sie die Kapelle verließ, fühlte sie sich gestärkt. Sie war überzeugt, dass Gott sie dort getröstet hatte.

Heute leitet sie jeden Sommer für zwei Monate eine Pilgerherberge mit einer alten Kapelle. Es ist eine der vielen Stationen auf dem Jakobsweg. Jeden Abend lässt sie die Glocken der über 900 Jahre alten Kapelle läuten. Dann hält sie eine Andacht für die Wanderer aus allen Nationen und Religionen. Am Schluss segnet sie die Pilger und manchmal setzt sie sich zu einem auf die Bank, wenn sie den Eindruck hat, dass er Kummer mit sich trägt. „Ich sitze einfach neben jemandem und lege auch mal die Hand auf seine Schulter. Mitunter kommt es zu einem guten Gespräch. Dann habe ich das Gefühl, etwas von dem Trost weitergeben zu können, den ich vor Jahren dort selbst bekommen habe."

Britta:

Ich denke an Martina: Sie hat ihren Sohn im Alter von 22 Jahren durch einen Unfall verloren und trauert sehr um ihn. Sie sagt: „Ich habe mich immer wieder gefragt: Warum musste das passieren? Diese Frage habe ich mit auf meine Reise nach Indien genommen. Vielleicht gibt es in der Religion dieses Landes eine Antwort, dachte ich. Eines Morgens ging ich in der Frühe an den Strand. Kein Mensch war zu sehen, aber auf dem Sand entdeckte ich ein Kreuz, aus Steinen gelegt. Auf einmal wusste ich: Das ist meine Antwort." Martinas Geschichte berührt mich. Da sucht eine trauernde Mutter Antwort in einem Land, wo der Hinduismus lebt, und findet sie im Kreuz.

Was darf ich hoffen?

Jost:

Alle Menschen, die im Garten der Sehnsucht unterwegs sind, suchen Sinn und haben das Bedürfnis, ihrem Schicksal eine „überpersönliche" Bedeutung zu geben. Wunderschöne und tröstende Bilder der Hoffnung über den Tod hinaus gibt es in vielen Religionen.

Muslime zum Beispiel verstehen ihr ganzes Leben als einen Weg zum Paradies. Sie haben eine sehr realistische Vorstellung davon: „Sie werden auf Kissen ruhen, welche mit Gold und edlen Steinen geschmückt sind, sie lehnen einander gegenüber. Jünglinge in ewiger Jugendblüte werden, um ihnen aufzuwarten, sie mit Bechern, Kelchen und Schalen voll fließenden Weines umkreisen, der den Kopf nicht schmerzen und den Verstand nicht trüben wird, und mit Früchten, von welchen sie nur wählen, und mit Fleisch und Geflügel, wie sie es nur wünschen können. Und Jungfrauen mit großen schwarzen Augen, gleich Perlen, die noch in ihren Muscheln verborgen sind, bekommen sie als Lohn ihres Tuns. Weder eitles Geschwätz noch irgendeine sündige Rede werden sie dort hören, sondern nur den Ruf: Friede! Friede!" (Koran, Sure 56,16-27)[34].

Muslime glauben wie die Juden und die Christen an eine Auferstehung. Der Tod ist nicht das Ende, sondern die Befreiung von den Aufgaben dieses Lebens. Der Körper stirbt, aber der innere Mensch lebt weiter: „Wieder lebendig macht sie der, der sie das erste Mal hat entstehen lassen. Und Er weiß über alle Geschöpfe Bescheid" (Koran, Sure 36,79).

Nach der Lehre des Islam werden alle Menschen im Paradies 30 Jahre alt sein, egal in welchem Alter sie gestorben sind. Man wird dann nicht mehr weiter altern, sondern immer 30 Jahre alt bleiben für alle Ewigkeit. Das Gleiche gilt allerdings auch für diejenigen, die in die Hölle kommen, wenn sie in diesem Leben nicht nach Gottes Geboten gelebt haben, so der Koran.

Im alten Israel wurde mit dem Tod sehr realistisch und wenig beschönigend umgegangen: „Du hast mich hinunter in die Grube gelegt, in die Finsternis und in die Tiefe" (Psalm 88,7). Im späten Israel, nach dem Exil in Babylon, tritt die Hoffnung auf ein Leben nach dem Tod konkret ins Blickfeld: „Aber deine Toten werden leben, deine Leichname werden auferstehen. Wachet auf und rühmet, die ihr liegt unter der Erde! Denn ein Tau der Lichter ist dein Tau, und die Erde wird die Toten herausgeben" (Jesaja 26,19).

Der Prophet Jesaja verkündigt diese Hoffnung im Namen Gottes und er verkündigt sie einem Land, das schon bald darauf von den Babyloniern erobert werden wird. Im Buch des Propheten Daniel wird das Leben nach dem Tod nicht nur auf die Frommen des Gottesvolkes bezogen: „Und viele, die unter der Erde schlafen liegen, werden aufwachen, die einen zum ewigen Leben, die andern zu ewiger Schmach und Schande" (Daniel 12,2).

Eine konkrete Beschreibung des Paradieses wie im Koran finden wir im Alten Testament nicht.

Im christlichen Glauben ist die Hoffnung über den Tod hinaus eng verbunden mit der Auferstehung von Jesus Christus. Die Auferstehung ist jedoch keine Wiederbelebung eines irdischen Leibes, sondern eine völlig neue Existenz: „Es wird gesät ein natürlicher Leib und wird auferstehen ein geistlicher Leib" (1. Korinther 15,44). Ein unsterblicher Leib wird also neu geschaffen, und zwar mit derselben Identität wie hier auf Erden. Verstorbene in der Ewigkeit an ihrem Wesen wiederzuerkennen, wäre demzufolge möglich. Diese Hoffnung teilen Christen mit den Juden und Muslimen.

Durch Christus gibt es Gnade: „Wer will die Auserwählten Gottes beschuldigen? Gott ist hier, der gerecht macht. Wer will verdammen? Christus Jesus ist hier, der gestorben ist, ja vielmehr, der auch auferweckt ist, der zur Rechten Gottes ist und uns vertritt." (Römer 8,33-34)

Ähnlich wie der islamische Glaube kennt auch das Neue Testament ein Endgericht, in dem die Verstorbenen nach ihren Werken gerichtet werden.

Aber Christen müssen nicht im Ungewissen bleiben, ob Gott gnädig ist oder nicht, denn Christus tritt im Endgericht für sie ein. Das unterscheidet den christlichen Glauben von allen anderen – durch Christus gibt es Gnade:

„Wer will die Auserwählten Gottes beschuldigen? Gott ist hier, der gerecht macht. Wer will verdammen? Christus Jesus ist hier, der gestorben ist, ja vielmehr, der auch auferweckt ist, der zur Rechten Gottes ist und uns vertritt." (Römer 8,33-34)

Die Hoffnung der Christen hängt also nicht daran, ob sie ein anständiges Leben geführt haben, sondern an Gottes Gnade. Darum können sie Gewissheit des ewigen Lebens haben. Zwar werden auch sie nach ihren Taten beurteilt. Das zeigen die Reden von Jesus über das Endgericht, z. B. Matthäus 25,31-46, wo es heißt: „Was ihr getan habt einem von diesen meinen geringsten Brüdern, das habt ihr mir getan." Gott lieben und den Nächsten lieben, das sind zentrale Forderungen von Jesus. Aber was entscheidend zählt am Ende, ist der Glaube und nicht die Werke. Das wird eindrücklich in Hugo von Hofmannsthals Theaterstück Jedermann dargestellt:

„Jedermann" führt ein Leben in Saus und Braus und zeigt nur wenig Mitgefühl für seine Mitmenschen. Den armen Nachbarn, der um ein angemessenes Almosen bittet, weist er ebenso schroff zurück wie den Schuldknecht, den er in den Schuldturm werfen lässt.

Begleitet von seinem guten Gesell lässt Jedermann ein großes Festmahl für seine Freunde und Verwandten vorbereiten. Seine alte Mutter fleht ihn an, sich zu besinnen. Sie erinnert ihn daran, dass auch ihn selbst jederzeit der Tod treffen könne. Doch Jedermann tut das ab und ist bald abgelenkt, denn schon nähert sich die Buhlschaft, geleitet von Spielleuten und Buben, um das rauschende Gelage zu feiern.

Das üppige Festmahl ist im vollen Gang, aber düstere Vorahnungen quälen Jedermann. Für einen Moment scheint ihm, als wäre die ganze Gesellschaft in Totenhemden gekleidet. Dumpfe Glocken meint er zu vernehmen. Plötzlich hört er seinen Namen rufen. Der Tod erscheint und kündigt ihm sein nahendes Ende an.

Erschüttert und geängstigt fleht ihn Jedermann an, sich einen Begleiter für seine letzte Reise wählen zu dürfen. Der Tod gewährt ihm eine letzte Frist. Doch selbst Jedermanns guter Gesell, sonst in jeder Hinsicht dienstbeflissen, mag diesen Weg nicht mit ihm gehen. Auch alle vermeintlichen Freunde, die Vettern und Bediensteten verweigern ihm die Gefolgschaft. Zuletzt will Jedermann sich noch an seine Schätze klammern. Doch das Geld entsteigt höhnisch der Schatztruhe und gibt Jedermann zu verstehen: Du dachtest, dass du mich besitzt. Doch in Wirklichkeit beherrsche ich dich.

Nun treten Jedermanns „gute Werke", seine „guten Taten" auf. Sie sind krank, geschwächt, lahm, ohne jede Kraft. Kein Wunder, denn er hat ja kaum welche getan. Die „Werke" würden ihn ja gern auf seinem letzten Weg begleiten, aber sie sind zu geschwächt. Allmählich beginnt Jedermann zu begreifen, wie viel er versäumt hat. Es gibt jedoch noch eine Chance, sagt „Werke". Sie spricht: „Vielleicht ist es noch nicht zu spät, vielleicht kann dir meine Schwester, der „Glaube", helfen. Tatsächlich lässt sich „Glaube" herbeibitten. „Ich glaube", beteuert Jedermann,

„hilf mir". Doch „Glaube" schüttelt den Kopf: Aufsagen des Glaubensbekenntnisses, damit ist es nicht getan. Hinter diesem Glauben steckt keine Kraft. Was zählt, ist wahre Reue. Verzweifelt bittet Jedermann um Gnade. Er hat vor Gott nichts vorzuweisen, das wird ihm mit brutaler Deutlichkeit klar. Er kann die Schuld und die Versäumnisse seines ganzen Lebens nicht auf einmal schnell gutmachen.

Und „Glaube" sagt ihm, was im Leben und im Sterben Gültigkeit hat: Dass Jesus „jedermanns Schuldigkeit vorausbezahlt in Ewigkeit". Das ist seine Rettung, nur Jesus kann ihm helfen, erkennt „Jedermann" und wendet sich Jesus zu. Von einem Mönch erhält er die Sterbesakramente und kommt geläutert, im weißen Gewand, wieder auf die Bühne. Nun ist er bereit zu sterben. Und auf einmal können die „Werke" laufen – weil Jedermanns Glaube an Jesus sie mit Kraft erfüllt. Weil das, was Jesus getan hat, nun auch für Jedermanns unterlassene Werke mit zählt. Der Teufel tobt, er geht leer aus. Gestützt auf „Glaube" und „Werke" kann „Jedermann" vor Gott treten. – Damit endet das Stück.

Die guten Werke sind am Ende viel zu schwach, um den Glauben zu tragen. Es ist also umgekehrt: Der Glaube trägt die guten Werke. Diese Botschaft, die Hugo von Hofmannsthals Stück bildhaft darstellt, ist einzigartig in den Weltreligionen.

Im christlichen Glauben ist die Auferstehung eine Neuschöpfung Gottes. Dabei wird nicht die Frage nach dem Wie beantwortet. Schon Paulus kennt sie: „Es könnte aber jemand fragen: Wie werden die Toten auferstehen und mit was für einem Leib werden sie kommen? Du Narr: Was du säst, wird nicht lebendig, wenn es nicht stirbt", schreibt er (1. Korinther 15,35).

Wie das Leben nach dem Tod aussieht, das bleibt ein Geheimnis Gottes.

Wie das Leben nach dem Tod aussieht, das bleibt ein Geheimnis Gottes. Doch die Hoffnung bleibt, von der Paulus im Römerbrief schreibt: „Die Schöpfung ist ja unterworfen der Vergänglichkeit – ohne ihren Willen, sondern durch den, der sie unterworfen hat –, doch auf Hoffnung" (Römer 8,20).

Im letzten Buch der Bibel, der Offenbarung, mündet diese Hoffnung ein in die Vision eines neuen Himmels und einer neuen Erde: „Und ich sah einen neuen Himmel und eine neue Erde; denn der erste Himmel und die erste Erde sind vergangen ... und der Tod wird nicht mehr sein, noch Leid noch Geschrei noch Schmerz wird mehr sein; denn das Erste ist vergangen“ (Offenbarung 21,1+4).

Dieser neuen Welt ohne Leid, ohne Schmerzen, ohne alle Spuren der Vergänglichkeit gehen Christen entgegen. Viele nennen es ihr „ewiges Zuhause bei Gott“.

Rituale der Hoffnung

Britta:

Rituale sind eine Möglichkeit, Trauer und Hoffnung eine Gestalt zu geben.

Ein Jahr nach Matthias' Tod war mein fünfzigster Geburtstag. Lange hatte ich mit mir gerungen, ob ich diesen besonderen Tag im selben Monat überhaupt begehen wollte, und wenn ja wie? Schließlich wurde mir klar, dass ich mit meiner Familie und meinen Freunden feiern will, dabei aber den Verlust von Matthias auf irgendeine Weise einbeziehen will. Da kam mir der Gedanke an einen Weg zu den Orten in meiner Umgebung, die mir im letzten Jahr wichtig geworden waren und die mich mit Matthias verbinden. Ja, so passte das zu mir und meinem Empfinden.

Ich plante also einen kleinen „Pilgerweg“. Es gab Stationen von der Kirche entlang der Nidda zum Friedhof und dann zur Festscheune. Klaus, so hatten wir es dann besprochen, unser Freund und Pastor, würde uns dabei begleiten, Meditationstexte und Gebete sprechen. Wir begannen mit einer Andacht in der Kirche, dem Ort, an dem Matthias gepredigt und gewirkt hatte.

Weiter ging es in den Schlosspark. Unter den großen Kastanienbäumen hatten wir anderthalb Jahre zuvor den Himmelfahrtsgottesdienst mit Matthias gefeiert. Am alten Taufstein bekommen alle Gäste einen Zweig als Zeichen der Hoffnung mit auf den weiteren Weg. Weiter laufen wir dann bis zur Brücke über die Nidda. Klaus lenkt unsere Gedanken auf die Symbolik der Brücke. Brücken zwischen zwei Ufern, zwischen Himmel und Erde, Zeit und Ewigkeit; Brücken zwischen Mensch und Mensch.

Weiter geht es an der Nidda entlang. Wir sehen die Strömung, stellen uns Quelle und Mündung vor. Der Fluss wird zum Symbol für das Leben von der Geburt bis zum Tod, im Fluss der Zeit immer weiter strömend.

Die nächste Station, der Friedhof. Am Grab von Matthias stellen wir unsere Zweige in eine Vase, werden still im Gedenken an ihn. Dann geht es in die Festscheune und die Feier beginnt.

Auf diesem Pilgerweg haben wir Friedhof und Partyscheune, Trauer und Fröhlichkeit zu einem Fest verbunden, das darin an Tiefe gewonnen hat und mir bis heute sehr viel bedeutet. In der folgenden Zeit bin ich diesen Weg immer wieder mal entlanggegangen im Bewusstsein: Ich gehe nicht allein. Meine Freunde und meine Familie sind mit mir gegangen. Ich bin in meiner Trauer nicht allein. Nach und nach wurde mir klar, dass ich im wiederholten Gehen dieses Weges ein persönliches Ritual gefunden hatte, das mich stärkt und mir Stütze ist. Für jeden mag es da ein anderes Ritual geben, egal in welcher Form.

Rituale helfen, sie stützen die Seele. Rituale helfen Übergänge zwischen Leben und Tod zu gestalten. Im Ritual suchen wir nach Ausdruck für etwas, wofür Worte fehlen. Auch die Fülle christlicher Rituale eröffnet dabei einen kostbaren Schatz.

Dr. Ingrid Riedel schreibt in ihrem Buch: „Seelenruhe und Geistesgegenwart", dass die „Wiederentdeckung des Rituals" mit einer Art Heimweh zusammenhänge. Das fand ich passend formuliert: „Der Mensch hat Heimweh nach Struktur in einer Zeit, die immer mehr chaotische Umbrüche nach sich zieht … Heimweh nach Tradition in einer Zeit zunehmenden Traditionsverfalls … Heimweh nach den großen Symbolen der Seele, nach ihrer Verleiblichung vor allem angesichts einer immer abstrakter werdenden und nur noch durch Medien mittelbar erfahrbaren Welt."[35]

So manches Mal hatte ich den Eindruck, dass mit jedem Schritt, den ich mit meinen Füßen setze, auch die Seele mitgeht. Jeder Kontakt zur Erde hat mich auch innerlich geerdet. Deswegen tut es mir so gut, zu wandern oder mit dem Rad zu fahren.

Heute lockt mich das schöne Wetter wieder einmal aufs Rad. Zum wiederholten Male nehme ich Matthias' Mountainbike und fahre durch die Felder, zu „unserem Baum" und dann durch das Krebsbachtal wieder zurück. Es ist inzwischen eine Gewohnheit für mich geworden, diese Strecke zu radeln; es ist für mich zu einem stützenden Ritual geworden.

Ich trete in die Pedale, bewege mich mit meiner eigenen Kraft vorwärts. Habe Bodenhaftung und kann doch fliegen im Sinne von: Ich fühle mich frei in der Bewegung, vor allem wenn es bergab geht. Alles muss erfahren werden. Jede Kurve, jede Strecke, jedes Schlagloch, jede Biegung.

Im Garten der Sehnsucht erleben wir die geistliche Dimension der Trauer, die den Blick frei macht für eine Hoffnung über den Tod hinaus.

Anregungen und Tipps

Symbole der Hoffnung

Jost:

Halten Sie Ihre Augen und Ihre Seele offen für Bilder der Hoffnung. Suchen Sie Bibelworte, Sprüche, Gedichte und Zitate, die Ihnen Lebensmut geben. Schreiben Sie sie auf und legen sich ein Schatzkästchen der Hoffnung an.

Auf dem Anmeldetresen meiner Praxis liegen in einem herzförmigen Kästchen Mut machende Sprüche. Sie werden gerne und viel mitgenommen.

Für Christen ist das Kreuz ein Symbol der Hoffnung: Der Tod ist besiegt durch die Auferstehung. Es gibt kleine glatt geschliffene Kreuze aus Olivenholz, die man mit einer Hand umschließen kann. Schon häufiger haben mir Menschen gesagt: „Das gibt mir Kraft."

Wenn ich mit meinen Patienten an das Ende einer Psychotherapie gelange, dann erarbeite ich mit ihnen ein sogenanntes Überlebenspaket, mit dem sie sich in Notsituationen helfen können.

Folgende Fragen können als Anregung dienen:

- Welches Bild gibt Ihnen Hoffnung? Bei welchem Bild fühlen Sie sich gleich schon etwas besser, wenn Sie es ansehen?
- Welches Musikstück vermittelt Ihnen ein gutes Gefühl und Zuversicht?
- In einem Überlebenspaket befindet sich meist eine Trillerpfeife, mit der man sich bemerkbar machen kann. Wie können Sie sich bemerkbar machen, wenn Sie Hilfe brauchen? Wer hört Sie dann?
- Streichhölzer fehlen in keinem Überlebenspaket. Was bringt Ihnen Licht und Wärme ins Leben?
- Welches Buch würden Sie auf eine einsame Insel mitnehmen, das Ihre Sehnsucht stillt und Mut macht?
- Meist ist ein kleiner Angelhaken in einem Überlebenspaket. Wie können Sie sich etwas Gutes tun und ihre körperlichen Bedürfnisse wie Hunger und Durst stillen?
- Ein Kompass befindet sich ebenfalls im Überlebenspaket. Was gibt Ihnen Orientierung?

Besinnung – Blick um die letzte Kurve

Britta:

Bei der Beerdigung von Matthias hat ein Freund gepredigt. Seine Rede hat uns schon damals einen kleinen Blick in den Garten der Sehnsucht gewährt[36]:

„Ich bin traurig, weil ich einen guten Freund verloren habe, ich bin aber auch dankbar für die Zeit, die wir gemeinsam hatten: Abende bei einer Zigarre, theologische und persönliche Gespräche, Kinobesuche in Frankfurter Programmkinos und Freundschaft mit der ganzen Familie Laubvogel. Als ich Matthias eines Abends im Krankenhaus besuchte, wo er seine Chemotherapie bekam, beschlossen wir beide spontan, einfach abzuhauen. Wir schlichen uns an der Krankenhauspforte vorbei und steuerten ein Programmkino an. Nach dem Film stromerten wir noch ein bisschen durch den Ort.

Für mich war Matthias sein ganzes Leben lang ein Entdecker der

Schönheit Gottes. Vor einem Jahr fuhren wir gemeinsam eine Höhenstraße in den Bergen entlang und hätten zeitlich gesehen eigentlich umkehren müssen. Doch Matthias sagte immer wieder: ‚Noch nicht. Ich muss doch noch wissen, wie es hinter der nächsten Kurve aussieht.' Hinter der nächsten Kurve würde es bestimmt eine wunderbare Aussicht geben, eine neue Perspektive, eine unberührte Schönheit.

Matthias sieht jetzt, was hinter der letzten Kurve liegt. Er hat die letzte Kurve des Menschseins genommen und sieht, was im Himmel ist. Was ist hinter der nächsten Kurve? Es ist eine Beschreibung für das Staunen, das er nie verlernte, für die Lebenslust, die er fühlte, für die Spontaneität, die ihn ausmachte.

Matthias war immer ganz einem Menschen zugewandt, trat nahe an einen anderen heran und staunte über das Gesagte. Sein Staunen verbalisierte sich in sehr ausdrucksstarken Ohs. „Nein! Wirklich?" Oder: „Ich bin ja völlig begeistert, bin hin und weg." Er identifizierte sich mit dem Leid, der Freude, den Lebensthemen anderer Menschen, wie ich dies bisher selten erlebte.

Von Zeit zu Zeit wurde er von der Melancholie des Stadtneurotikers überfallen, den er als begeisterter Cineast in Woody Allans Filmen fand. Allerdings setzte er der narzisstischen Sinnlosigkeit Allans Christus als das Ziel der Geschichte entgegen und sprach deshalb leidenschaftlich von einem sinnerfüllten Leben durch den dreieinigen Gott."

Jost:

Im letzten Buch der Bibel, der Offenbarung, finden wir zweimal den Satz: „Und sie sangen ein neues Lied." Es ist kein Lied der Trauer. Es ist überhaupt kein Lied dieser Erde. Es ist ein Lied des Himmels. Im Finale des Lebens wird ein neues Lied den Himmel erfüllen.

Die Herrlichkeit der neuen Schöpfung wird besungen. Christus wird gelobt als der Weltenherrscher, der Pantokrator. So ist er in vielen orthodoxen Kirchen in der Mitte ihres Kirchengewölbes abgebildet, meist als byzantinisches Mosaik. Christus schaut dem Betrachter in diesen Darstellungen direkt in die Augen. Die rechte Hand ist zum Segen erhoben und in der linken hält er das Evangelium, die Frohe Botschaft Gottes.

Das himmlische Lied preist Jesus Christus als den Herrn der Welt. Es singt von seinem Sieg über den Tod und vom neuen Himmel und der neuen Erde. Der Tod ist für gläubige Menschen nicht die Endstation, sondern Durchgangsstation zum ewigen Leben.

Gebet

Gib meinem Abgrund
eine Himmelsleiter,
meiner Nacht
den hellen Stern.

Gib meiner Trauer
ein Gewand,
schenk mir ein Wort,
den heilen Klang.

Gib meiner Seele
weiten Raum,
der Himmel
sei ihr offen.

Britta Laubvogel

Anmerkungen

[1] J. William Worden: Beratung und Therapie in Trauerfällen, 3. Auflage Bern 2007 , S. 18 ff.

[2] Verena Kast: Trauern – Phasen und Chancen des psychischen Prozesses, Kreuz Verlag 1988, S. 13

[3] Der Existenzialismus versteht den Menschen vorwiegend aus seinem eigenen individuellen Erleben heraus. Nicht „man" stirbt, sondern „ich" sterbe. Und dieses persönliche Erleben bestimmt meine Existenz und ist der Ausgangspunkt für alle weiteren philosophischen Überlegungen. Das bezieht sich bei den Existenzialisten auch auf den Glauben. Glauben kann nur tragfähig sein, wenn der Glaube zu einem existenziellen persönlichen Erleben führt.

[4] Hermann Hesse, zitiert in: Michels, Hermann Hesse. Leben und Werk, Hamburg, S. 226

[5] Ursula Gast u. a.: Trauma und Trauer. Impulse aus christlicher Spiritualität und Neurobiologie, Stuttgart 2009, S. 66

[6] http://www.steiger-stiftung.de

[7] Chrismon, Das evangelische Magazin, Heft 2/2004

[8] Chrismon, Das evangelische Magazin, Heft 2/2004

[9] Chrismon, Das evangelische Magazin, Heft 2/2004

[10] Bronze-Engel sind u. a. beim Brunnen Verlag zu beziehen: www.brunnen-verlag.de

[11] Verena Kast: Trauern – Phasen und Chancen des psychischen Prozesses, Kreuz Verlag Stuttgart, 10. Aufl. 1989, S. 70

[12] Viktor Frankl: Ärztliche Seelsorge. Grundlagen der Existenzanalyse und Logotherapie, S. 95

[13] Hermann Hesse in: Jeder Morgen will Abend werden. Betrachtungen über die Vergänglichkeit. Hrsg. v. Herbert Schnierle-Lutz, Frankfurt/M. u. Leipzig 2000, Inselverlag, S. 177

[14] Margarete Mitscherlich-Nielsen: Erinnerungsarbeit: Zur Psychologie der Unfähigkeit zu trauern, Frankfurt 1987, S. 14

[15] Sigmund Freud: Studien über Hysterie. 1895 GW I, S. 229

[16] Die CD „Matthias Laubvogel – Ich bin 'ne Raupe mit Schmetterlingsflügeln" ist zu beziehen über Britta Laubvogel:
britta.laubvogel@gmx.de zum Preis von 12,50 € (solange Vorrat reicht)

[17] Dietrich Bonhoeffer: Brief an Renate und Eberhard Bethge, Gefängnis Berlin-Tegel an Heiligabend 1943 in: Dietrich Bonhoeffer, Widerstand und Ergebung, Briefe und Aufzeichnungen aus der Haft, hrsg. von Eberhard Bethge 1951, 7. Auflage Hamburg, Siebenstern Taschenbuchverlag 1971, S. 99

[18] Vgl. Zitat von Hermann Hesse in Anmerkung 13

[19] Kirschblüten – Hanami, Kinofilm von Doris Dörrie, Deutschland 2008

[20] Pressemitteilung der Verbraucherinitiative Bestattungskultur „Aeternitas e.V." vom 1.3.2011, www.aeternitas.de

[21] Die Brücke von San Luis Rey. Übersetzt von Herbert E. Herlitschka.

Frankfurt/M. und Hamburg 1955, S. 194, Schlusswort der Äbtissin. – The bridge of San Luis Rey. New York: Albert & Charles Boni 1929, S. 139

[22] „Die Liebe hört niemals auf, wo doch das prophetische Reden aufhören wird und das Zungenreden aufhören wird und die Erkenntnis aufhören wird.“ 1. Korinther 13,8

[23] Dietrich Bonhoeffer: Brief an Renate und Eberhard Bethge, Gefängnis Berlin-Tegel an Heiligabend 1943 in: Dietrich Bonhoeffer, Widerstand und Ergebung, Briefe und Aufzeichnungen aus der Haft, hrsg. von Eberhard Bethge 1951, 7. Auflage Hamburg, Siebenstern Taschenbuchverlag 1971, S. 99

[24] C. S. Lewis: Dienstanweisung an einen Unterteufel, 21. Aufl. Herder Verlag 2011

[25] Ruthmarijke Smeding (Hrsg.): Trauer erschließen. Eine Tafel der Gezeiten, Der Hospiz Verlag, 1. Auflage 2005

[26] Ruthmarijke Smeding (Hrsg.): Trauer erschließen. Eine Tafel der Gezeiten, Der Hospiz Verlag; 1. Auflage 2005, S. 267

[27] Sigmund Freud: Totem und Tabu, 1913 Studienausgabe Band IX, S. 356

[28] Verena Kast: Trauern – Phasen und Chancen des psychischen Prozesses, Kreuz Verlag 1988, S. 72

[29] http://www.stefan-morsch-stiftung.com

[30] In seinem neuesten Roman verarbeitet Grossmann seine eigene Trauer über seinen Sohn und über sein Volk. David Grossmann: Eine Frau flieht vor einer Nachricht, Frankfurt 2011

[31] J. William Worden: Beratung und Therapie in Trauerfällen, 3. Auflage Bern 2007, S. 26

[32] Zitiert aus: Sigrid Berg, Biblische Bilder und Symbole erfahren – ein Material- und Arbeitsbuch, Kösel, München, S. 66

[33] Die Rose von Jericho und eine Reihe weiterer Ideen, wie sie einzusetzen ist, sind zu beziehen unter www.schenken-und-helfen.de

[34] nach der Übersetzung von Ludwig Ullmann

[35] Ingrid Riedel: Seelenruhe und Gegenwart. Was uns Tatkraft gibt, Königsfurt 2001; zitiert aus: Ruthmarijke Smeding (Hrsg.): Trauer erschließen. Eine Tafel der Gezeiten, Der Hospiz Verlag, 1. Auflage 2005, S. 181

[36] Wir danken Klaus Schönberg für die Bereitstellung und Erlaubnis der Veröffentlichung von Auszügen aus seiner Trauerrede anlässlich der Beerdigung von Matthias Laubvogel.